T0207969

essentials

essentials liefern aktuelles Wissen in konzentrierter Form. Die Essenz dessen, worauf es als „State-of-the-Art" in der gegenwärtigen Fachdiskussion oder in der Praxis ankommt. *essentials* informieren schnell, unkompliziert und verständlich

- als Einführung in ein aktuelles Thema aus Ihrem Fachgebiet
- als Einstieg in ein für Sie noch unbekanntes Themenfeld
- als Einblick, um zum Thema mitreden zu können

Die Bücher in elektronischer und gedruckter Form bringen das Expertenwissen von Springer-Fachautoren kompakt zur Darstellung. Sie sind besonders für die Nutzung als eBook auf Tablet-PCs, eBook-Readern und Smartphones geeignet. *essentials:* Wissensbausteine aus den Wirtschafts-, Sozial- und Geisteswissenschaften, aus Technik und Naturwissenschaften sowie aus Medizin, Psychologie und Gesundheitsberufen. Von renommierten Autoren aller Springer-Verlagsmarken.

Weitere Bände in der Reihe http://www.springer.com/series/13088

Oliver Errichiello · Arnd Zschiesche

Die Kirche als Marke stark machen

Ein Basis-Leitfaden für kirchliche Gemeinden und Organisationen

Oliver Errichiello
Büro für Markenentwicklung
Hamburg, Deutschland

Arnd Zschiesche
Büro für Markenentwicklung
Hamburg, Deutschland

ISSN 2197-6708   ISSN 2197-6716   (electronic)
essentials
ISBN 978-3-658-28996-6   ISBN 978-3-658-28997-3   (eBook)
https://doi.org/10.1007/978-3-658-28997-3

Die Deutsche Nationalbibliothek verzeichnet diese Publikation in der Deutschen Nationalbibliografie; detaillierte bibliografische Daten sind im Internet über http://dnb.d-nb.de abrufbar.

Springer Gabler ist ein Imprint der eingetragenen Gesellschaft Springer Fachmedien Wiesbaden GmbH und ist ein Teil von Springer Nature.
Die Anschrift der Gesellschaft ist: Abraham-Lincoln-Str. 46, 65189 Wiesbaden, Germany

Was Sie in diesem *essential* finden können

- Was ist eine Marke.
- Wie Marken funktionieren.
- Wie man öffentlichkeitswirksam „positive Vorurteile" verankert.
- Welche sozialen Kräfte und Dynamiken bei starken Marken wirksam sind.
- Status quo der Markenkraft „Kirche" – eine kritische Bestandsaufnahme.
- Programm zur Erarbeitung des „Genetischen Codes" einer Kirchengemeinde.
- Organisations- und Durchführungsagenda zum individuellen Projekt „Kirche als Marke" in einer Gemeinde.

Vorwort

Ist das noch meine Kirche? Sollen wir denn in Traditionen sterben? Sind wir in der Gemeinde überhaupt noch zeitgemäß? Wie sieht denn eine moderne Kirche aus? Übertreiben wir es hier nicht mit einem modernen Anspruch? Ob intendiert oder nicht: Das Thema Kirche bewegt, provoziert, verbindet. Als Teil des westlichen Kulturkreises ist unser Handeln, unsere Sprache, unsere Architektur, unser Alltag auch im 21. Jahrhundert angefüllt mit Spuren und Zeugnissen des Christentums. Auch wenn es die Kirchen in den säkularisierten Gesellschaften des Westens immer schwerer haben, ihre „frohe Botschaft" zielgerichtet zu verankern, so ist „der Glaube" Teil der Lebenswirklichkeit. Jedoch: Gerade weil es heute keinen sozialen Zwang mehr zur Zughörigkeit zu einer familiär-gelernten Konfession gibt und die großen Kirchen in den Augen vieler oft wie aus der Zeit gefallen wirken, kämpfen die Kirchen mit einer zunehmend größeren Irrelevanz für das Leben der Menschen. Vor dem Hintergrund eines „Sendungsauftrages" können sich die Kirchen – als Outlets des Glaubens – nicht mit der Vorstellung der „kleinen Herde" zufrieden geben (obwohl auch diese Auffassung durchaus und in Teilen nachvollziehbar ihre Anhänger hat). Und doch: Kirchen sind keine normalen Räume – geistig und materiell. In ihnen verdichten sich individuelle Biografien, Wünsche, vergangene und erfahrene Hoffnungen.

In diesem Zusammenhang verdeutlichte der Immobilienwissenschaftler Winfried Schwatlo in einem Interview für die Immobilienzeitung – also eines Organs, das nicht im Verdacht steht, übermäßig pathetisch die Bedeutung einer Kirche zu huldigen – die Besonderheit der zurzeit bestehenden 45.000 Kirchen in Deutschland. Die Immobilienzeitung fragte: „Sie klingen sehr leidenschaftlich, wenn Sie von Kirchen sprechen. Aber mal ehrlich: Manche Gebäude sind doch ziemlich hässlich. Zum Beispiel solche Betonklötze …" Schwatlo: „Ja, da haben Sie Recht. Ich habe mal einen Fall erlebt, da sollte so eine Betonkirche aus den 1970er Jahren abgerissen werden. Die Kirche galt im herkömmlichen Sinne nicht als schön. Doch für die Menschen, die dort ihre Erstkommunion oder eine Hochzeit gefeiert hatten, war die Kirche mit vielen Emotionen belegt und wurde dadurch für sie subjektiv wertvoll." (Bader 2019) Es wird deutlich, dass bereits ein Kirchengebäude fundamentale Emotionen aktiviert – selbst bei Menschen, die nicht unbedingt gläubig oder in der Kirche aktiv sind. Kirchen und Kirchengemeinden sind im 21. Jahrhundert Räume der Erfahrung, des Erinnerns und der Entgrenzung aus dem Ich.

Die Kirche befindet sich in einem strukturellen Konflikt zwischen Bewahrung und Anpassung. Idealtypisch bestehen zwei Entwicklungsoptionen:

- Betont sie eine an den Traditionen festhaltende Institution, so läuft sie Gefahr, sich immer stärker zu fokussieren und auf einen kleinen, aber sicherlich überzeugten Kern zusammenzuschmelzen. Hermetisch abgegrenzt von neuen Milieus und Gegebenheiten wird sie als klarer Orientierungsgeber durchaus Attraktivität entfalten, aber kaum noch soziale Relevanz entwickeln. Systeme, die sich identisch reproduzieren, haben die Eigenschaft, mittelfristig zu vergehen.
- Die andere Option ist eine hochgradige Anpassung an den Zeitgeist. Die Kirche nimmt die vermeintlichen Stimmungen, Wünsche und Strömungen auf und integriert sie in Bereiche ihres Handelns. Die Kirche wird zu einem „Zeitgeist-Anbieter mit Transzendenz-Geschichte(n)". Damit gerät ihre soziale (und vor allem geistliche) Leuchtturmfunktion in Gefahr. Markensoziologisch betrachtet kennzeichnet starke Markensysteme, dass sie ein klares Leistungsportfolio besitzen und einen zutiefst exklusiven Charakter haben. Um wahrnehmbar zu sein und soziale Anziehungskräfte zu entfalten, gerade in Zeiten des Kommunikationsgewitters, benötigen Kirchen klare Inhalte und Leistungen. Der Generalvikar des Bistums Essen, Klaus Pfeffer, nennt diese Ausgangsbasis für eine moderne Präsenz der Kirche einen „geerdeten Glauben" (Pfeffer 2017, S. 31)

Vor diesem Hintergrund ist es wichtig, dass interne „Programme" das „System Kirche" planbar machen: So beständig wie möglich, so offen wie nötig. Dabei hilft eine markensoziologische Grundlage. Denn die Kirche löst bei unterschiedlichen Menschen vielfältige positive wie negative Zuschreibungen aus. Bei einigen Menschen ist die Kirche Teil ihres sozialen Lebens, bei anderen schon lange nicht mehr oder vielleicht sogar nie gewesen. Die Marke Kirche bedeutet also viel mehr als ein Logo, Werbung oder Kommunikation, sondern es ist ein soziales Bündnissystem, das Menschen gezielt eingehen – oder nicht. Die Beweggründe dafür sind nicht ökonomisch, sondern ausschließlich soziologisch und psychologisch erklärbar. Wann vertrauen Menschen einer Marke? Was zieht sie an? Sind die Kirchengemeinde und die „Marke Kirche" unterschiedliche Felder? Was ist nur Werbung und wo unterstützt die Marke Kirche im Alltag konkret?

Auf den folgenden Seiten wird auf Basis der Markensoziologie die Kirche als soziales System planvoll entwickelt. Unabhängig von individuellen Gefallensurteilen und ästhetische Überlegungen werden erste Ansätze und Methoden dafür geliefert, wie die einzelne Kirchengemeinde agieren muss, um in ihrem lokalen Umfeld (erneut) Relevanz zu entwickeln und dabei „ihre Seele" nicht anbiedernd zum Markt trägt, aber auch nicht „im immer selben" erstarrt. Denn Kreativität bedeutet nicht das Sprengen, sondern immer das Ausfüllen von Grenzen.

Hamburg   Oliver Errichiello
im September 2019   Arnd Zschiesche

Inhaltsverzeichnis

Einleitung: Wie verkauft man Kirche?

Die Kirche kämpft mit einem fundamentalen Mitgliederschwund. Heute muss die Kirche überzeugen, will sie für Menschen relevant sein. Dabei gilt es zu verstehen, dass Marke nicht nur auf Produkte oder Dienstleistungen begrenzt ist, sondern auf sämtliche Leistungsangebote, die unter einem Namen in der Öffentlichkeit wirksam sind. Damit ist auch die Kirche eine Marke. Marken sind positive Vorurteile, die sich Menschen über einen Akteur, in diesem Fall die Kirche, machen. In diesem essential möchten wir die Dringlichkeit einer Überzeugungsstrategie für die Kirche verdeutlichen.

Marke ist seit vielen Jahren ein Thema, das eine unüberschaubare Vielfalt an Meinungen beinhaltet. Auch die Verbindung von „Kirche und Marke" spielt inzwischen – noch etwas verschämt – eine wahrnehmbare Rolle bei Tagungen und Konferenzen innerhalb von Kirchen, Gemeinden und Bistümern. Gerne wird dort provokativ gefragt, ob denn die Kirche überhaupt eine Marke sei oder überhaupt eine sein wolle. Und so manches Mal kämpfen die Verantwortlichen für Öffentlichkeitsarbeit in einer Kirchengemeinde, aber auch in übergreifenden Stabsstellen gegen das Missfallen und die Irritation bei Berufenen und Laien an. Über Jahrzehnte begnügte sich die Kirche mit semiprofessionellen Broschüren und Informationsblättchen. Kirche war schließlich Kirche und damit auch ein Gegengewicht zur oberflächlichen Welt des Konsums mit ihren einfältigen Zwecken und Bedürfnissen. Werbung oder gar Marken waren Begrifflichkeit „des Anderen", also einer Ideenwelt, von der sich die Kirche und ihre Institutionen bewusst abheben wollten. Marke war dem traditionellen Verständnis nach höchstens das kleine und engagiert erstellte Gemeindeblättchen. Die Pfadfindergruppe nutzte für ihre Außendarstellung die kreativen Kräfte ihrer Mitglieder, und der Singkreis erstellte ein schickes Logo durch einen gestalterisch begabten

Sänger. Alles Klischees? Sicherlich – und gleichzeitig doch immer noch Realität, mit denen die Kirche in Zeiten sinkender Budgets und gesellschaftlicher Verankerung umzugehen hat.

Für kirchlich Engagierte ist gut nachvollziehbar, dass das Thema „Marke Kirche" ein diffuses Unbehagen auslöst. Denn wer den Glauben ernst nimmt, der kann nicht die identischen Parameter einer Zweckorientierung für die Geistigkeit des Menschen ansetzen wie für Hygieneartikel, Genussmittel und Spielwaren. Umso wichtiger ist es, klar zu differenzieren: Glaube und Kirche sind in einem christlichen Verständnis untrennbar miteinander verbunden, zugleich aber durch fundamentale Unterschiede gekennzeichnet.

In den nachfolgenden Überlegungen geht es nicht um das Verständnis „Marke Glaube" im Sinne einer Verschiebung der begründenden christlichen Grundsätze und Dogmen. Die Auslegung und das Erlebbarmachen von Glauben durch definierte Rituale ist Aufgabe der Theologen. Entscheidend ist: Die Kirche ist neben ihrer religiösen Verankerung als Körperschaft des Glaubens auch immer eine weltliche Organisation (sog. „doppelte Wesensbestimmung der Kirche" nach dem II. Vatikanum). Die nachfolgenden Überlegungen setzen an diesem Verständnis an: Als weltliches System befindet sich auch die Kirche im Wettbewerb um Alltagsrelevanz und Aufmerksamkeit. Die Kirche hat die Aufgabe, durch eine resonanzorientierte Präsenz möglichst vielen Menschen von ihrem Tun und ihrer Wirksamkeit zu berichten, um dadurch Menschen in ihrem Glauben zu bestärken oder aber mehr Menschen für ihren Glauben zu gewinnen. Hierin besteht die Aufgabe jedes „lebenden Systems", und die Kirche und ihre vielen verschiedenen Aktivitäten sollte sich nicht davon ausschließen.

> ⟫ Markenführung für Kirchen unterliegt nicht den gleichen Erfolgskriterien wie Kaugummi oder Waschmittel.

Vielmehr scheint: Die „Überzeugungsarbeit für den Glauben" ist mit den ersten Christen verknüpft. Das Christentum in Gestalt der Jünger sollte von Beginn an „Menschen fischen". Das Christentum war niemals darauf angelegt, im Verborgenen zu bleiben. Die Mission (lateinisch für „Sendung") ist zentraler Teil des Selbstverständnisses der Christen. Dabei mögen sich die Methoden und Instrumente der Gewinnung öffentlichen Vertrauens massiv gewandelt haben (die unfassbaren Verbrechen im Sinne der Glaubensgewinnung sind durch Historiker und Theologen belegt und können nicht Thema dieser Schrift sein), aber strukturell war und ist die Organisation Kirche auf „Wachstum" ausgelegt. Dieser

Rückgriff auf die historische Ausgangslage bestärkt die Kirche in ihrer aktuellen Aufgabe, sich wieder präsenter in der Öffentlichkeit zu verankern.

In diesen Tagen über eine „Überzeugungsstrategie" für die christlichen Kirchen, vor allem für die Katholische Kirche zu sprechen, ist ambitioniert, vielleicht sogar zynisch. Die katholische Kirche (und in geringer Form auch andere Konfessionsgemeinschaften) in Deutschland befindet sich durch die unbegreiflichen Verbrechen an Kindern und Jugendlichen in ihrer schwersten Krise. Die unzähligen positiven und förderlichen Aktivitäten des institutionalisierten Christentums geraten angesichts des grauenhaften und teilweise systemisch-verschleierten Missbrauches in den Hintergrund. Keine noch so durchdachte Kommunikationsstrategie kann diesen generellen Schaden unmittelbar reparieren. Ohne die Gräuel auch nur im Ansatz bagatellisieren zu wollen, zeigt sich, dass Marken letztlich über ihre realen Erfahrungsmuster wahrgenommen werden: Eine Kirche, die wie keine andere Organisation für „Liebe und Geborgenheit" steht und diese fundamentalen Werte auf den Kopf stellt, kann nur noch schwer überzeugen – wenn überhaupt.

Strukturell kämpfen Kirchen allerdings auch mit tieferliegenden sozialen Veränderungsprozessen: Die Kirche ist fest in den Wertewandel der modernen westlichen Welt eingebunden. So vermeldet die Wochenzeitung DIE ZEIT am 21. Juli 2017: „In einem Interview hatte der deutsche Kardinal Gerhard Ludwig Müller die Situation der Kirche in seinem Heimatland als ‚dramatisch' bezeichnet. Die Beteiligung am kirchlichen Leben, die Glaubensweitergabe und der Nachwuchs an Priestern und Ordensleuten seien stark zurückgegangen, beklagte er in einem Interview der italienischen Tageszeitung *Il Foglio*. Das Problem betreffe nicht nur Deutschland; ganz Europa erlebe einen ‚Prozess forcierter Entchristlichung, der über die einfache Säkularisierung weit hinausgeht'." (Zeit online 2017)

Die neueste Studie zu den Entwicklungen der Kirchen in Deutschland *Kirche im Umbruch – Projektion 2060* (EKD 2019) prognostiziert dramatische Entwicklungen: In den nächsten 40 Jahren wird sich die Anzahl der Katholiken nahezu halbieren, wobei die Ursache hierfür nicht nur aktive Kirchenaustritte, sondern überproportional der demografische Wandel sowie sog. „Taufunterlassungen" junger, der Kirche entfremdeter Eltern seien.

Die gern herangezogenen soziopsychologischen Megatrends unseres Zeitalters Individualisierung, Digitalisierung, Mobilität und Neo-Ökologie sind neben der übergreifenden Säkularisierung Teil der Lebenswirklichkeit. Ein Mensch, der sich selbst als „Handelnder" erlebt, ist in seiner Glaubensentscheidung frei. Die Wahl des Glaubens folgt der Selbstdefinition und der Individualisierung: Wenn man schon sein Müsli selbst zusammenstellen kann, dann sollte dies beim Glauben erst recht möglich sein. In Zeiten sich auflösender gemeinschaftlicher Netzwerke und Milieus besteht kein Automatismus, Christ oder gar spezifisch „Katholik" oder „Protestant" zu werden. Die Vorstellung einer „unbewussten Mission" durch Familie und Lebensumwelt ist in Zeiten brüchiger sozialer Netzwerke (von der Ehe bis zum Beruf) illusorisch. Der Soziologe Andreas Reckwitz verdeutlicht: „Im Gegensatz zu den traditionellen Herkunftsgemeinschaften, in die man hineingeboren wurde, ist das, was man moderne Neogemeinschaften nennen kann, gewählt. Singuläre Kollektive stellen sich damit generell als Sozialitäten mit intensiver Affektivität dar, die nicht nur Praktiken, sondern auch Narrative und Imaginationen teilen." (Reckwitz 2018, S. 63)

Bernd Halfar, Professor an der Katholischen Universität Eichstätt-Ingolstadt, stellt fest: „Wer christlich-kirchlich beheimatet ist, sollte sich klarmachen, dass die metaphysische Heimatlosigkeit in unserer Zeit und Gesellschaft eher ein Normallfall ist, und die religiöse Geborgenheit das Besondere." (Halfar und Borger 2007, S. 23)

> ▶ In Zeiten der frei wählbaren Lebensentwürfe muss Kirche inhaltlich überzeugen.

Auch organisatorisch hat dieser Wandel zu Individualisierung und modularen Lebensentwürfen direkte Auswirkungen auf die Kirche. Allenthalben ist von Kirchenschließungen zu lesen. Viele Gemeinden haben keinen Pfarrer mehr. In Deutschland sank im Zeitraum 1990 bis 2017 die Zahl der katholischen Priester von 19.707 auf 13.560. 2017 wurden in Deutschland gerade einmal 74 Priester ausgebildet. Kirchliche Schulen und Altenheime werden aufgegeben oder in freie Trägerschaften entlassen. Die Kirche räumt das Feld. Zurück bleibt eine „Gemeinschaft der wenigen", die sich teilweise über die Tatsache ihrer Marginalität definiert. Markenstrategisch betrachtet lösen sich allerdings Organisationen, die sich in sich selbst zurückziehen, auf. Sofern dieses Schicksal abgewendet werden soll, gilt es vielmehr, ein stimmiges, nachvollziehbares und relevantes Leitungsangebot der Öffentlichkeit (und nicht nur der eigenen Gemeinschaft gegenüber) zu verdeutlichen.

Zu behaupten, der Mensch habe sich nun einmal grundsätzlich verändert, greift vor einem soziologischen und sozialpsychologischen Hintergrund zu kurz. Denn an den anthropologischen Bedürfnissen, die die Kirche in idealtypischer Weise erfüllen kann, hat sich nichts verändert. Ein zentrales Wesensmerkmal der Kirche bleibt ihre Deutungskapazität. Sie bietet Orientierung – ob sie es will oder nicht. Und damit trifft sie ein fundamentales Grundbedürfnis des Menschen. Der Kultursoziologe Rainer Waßner wies bereits 2006 auf folgenden Sachverhalt hin:

„Wie es wahrscheinlich nie einen allverbreiteten, unerschütterlichen christlichen Glauben gegeben hat (Schleiermacher klagte bekanntlich über leere Kirchen) – ein retrospektives Wunschbild –, so wenig gab es eine religionslose Zeit, wenn man darunter die Bindung an eine letzte, maßgebliche Realität für Denken, Handeln, Werten versteht. Zweifellos hat eine Entchristlichung stattgefunden, doch immer waren die verlassenen Altäre von neuen Göttern, Idolen und Dämonen bewohnt." (Waßner 2006, S. 5)

▶   Der Wunsch nach Glaube hat sich nicht vermindert. Der Himmel ist –
vor dem Hintergrund einer soziologischen Betrachtung – niemals leer.

1.1   Die Volkskirche ist seit 50 Jahren eine Fantasie

Neben den großen Wertveränderungsdebatten bestehen allerdings auch ganz simple Gründe für die abnehmende Relevanz der Kirche. Einen äußerst profanen Grund hat der Soziologe Gregor Siefer bereits vor mehr als vier Jahrzehnten geliefert. Unter dem Titel „Das Problem der Volkskirche aus soziologischer Sicht" wird 1974 auf folgenden Sachverhalt aufmerksam gemacht:

„Konnte man in archaischen Gesellschaften und auch noch in vorindustriellen Hochkulturen damit rechnen, daß nur nach wenigen Lebensjahren jeder Mensch eine gewisse Grunderfahrung über Geburt und Tod angesammelt hatte, so macht gerade das in den modernen Industriegesellschaften erhebliche Schwierigkeiten. Vor allem die Todeserfahrung fällt für die junge Generation fast völlig aus ihrer Erlebniswelt heraus, womit das ganze Gebäude der Ritualisierung der Grenzerfahrungen in Gefahr gerät – weil es eben nicht aus dem konkreten Erleben heraus plausibel gemacht werden kann.
Dabei geht es in unserem Zusammenhang nicht nur um die unmittelbare Erfahrung von Geburt, Hochzeit und Sterben, sondern vor allem auch darum, daß dies immer Situationen waren (und sind), in denen Kontakte mit den Kirchen und ‚ihren' Agenten, den Priestern, wenn nicht selbstverständlich, so doch fast unvermeidlich werden. […] Im Gegensatz dazu erlebt ein neugeborenes Kind heute real die eigene Taufe (aber unbewußt), vielleicht noch Geburt und Taufe eines jüngeren Geschwisters, dann folgen in Abständen von mehreren Jahren die für das kindliche Bewußtsein heute oft nur noch sehr vordergründig erlebten Feiern von Erstkommunion und Firmung (als eigentliche Initiationsriten), schließlich etwa 10 Jahre danach dann eventuell noch die eigene kirchliche Trauung. […] Bedenkt man, daß in all diesen Fällen ‚Kirche' unmittelbar mit konkreten und von der Situation auch plausiblen, rituellen Handlungen tätig wird – statt nur mit Predigt und Religionsunterricht auf den Heranwachsenden einzureden –, dann wird einsichtig, warum ein Jugendlicher früher bis zu seiner eigenen Hochzeit gar nicht aus dem Netz der jährlich auf ihn einwirkenden Ritualien herauskommen konnte – ein Kreislauf, der nach der Hochzeit wieder von vorn begann […]." (Siefer 1974, S. 38)

Keine Frage: Die Kirche kämpft mit dem sozialen Wandel – seit langem. Ganz im Gegensatz zu der verbreiteten Meinung setzte dieser Wandel aber nicht erst mit Beginn der 1960er und 1970er Jahre ein, sondern war bereits nach dem ersten Weltkrieg spürbar – zur Lektüre empfohlen sind die Beobachtungen des jungen Dietrich Bonhoeffer aus den 1920er Jahren. Die Rückbesinnung auf die Kirche – bis heute zu sehen an den vielen Kirchenneubauten bis in die 1970er Jahre hinein – war vor allem eine Reaktion auf die verheerenden Erfahrungen des 2. Weltkrieges. Der Kirche nahm die Rolle einer stabilen gesellschaftlichen Institution an und baute auf die Zukunft. Allerdings war die Vorstellung einer lebendigen Volkskirche bereits in dieser Zeit eine Illusion.

Jedoch: Trotz der sich teilweise massiv reduzierenden Zahlen ist die Kirche Tag für Tag präsent und handelt auf den unterschiedlichsten Ebenen. Sie ist politischer, gesellschaftlicher und meist sehr lebensnaher Akteur – vertreten durch ihr eigenes Personal und die unzähligen Laien und Freiwilligen, die weiterhin „ihr Bestes" tun und zahlreiche Menschen förderlich unterstützen. So sind die Arbeitsfelder einer Kirche heute vielschichtig und bieten – zunächst strukturell betrachtet – zahlreiche Ansatzpunkte des „Erlebens" von Glauben:

- Jugendarbeit
- Kindergottesdienst
- Kirchenmusik
- Kindergarten
- Erwachsenenbildung
- Gottesdienstvorbereitung
- Ökumene
- Patengemeinde
- Seniorenkreis
- Besuchsdienste
- Familienkreise
- Heilige Drei-Königs-Besuche
- Bibelwoche
- Gemeindezentrum
- Pfadfinder
- Ministrantenarbeit
- Kommunionsengagement
- Schriftestand in der Kirche
- Pfarrbrief
- Internetpräsenz der Gemeinde
- Stille Zeiten in der Kirche
- Gebetskreise

▶ Die lebendige Volkskirche ist bereits seit mindestens zwei Generatio-
    nen eine Illusion.

1.2 Funktioniert Kirche wie Kaugummi?

Die Tatsache, dass die gedankliche Verknüpfung von Markenführung und Kirche
zu Irritationen führt, ist heute vor allem Ergebnis der Erfahrung, dass Marken
im Kontext wirtschaftlicher Prozesse eingeordnet werden. Zusätzlich möchten
sehr viele Menschen Marken besitzen, de facto kommen wir gar nicht darum
herum, aber Marken an sich stehen in vielen Milieus für unliebsame, oberflächliche Erscheinungen einer konsumorientierten Überflussgesellschaft: Markenterror und Markengläubigkeit sind Zusammenhänge, die nicht mit einer dem
Menschen zugewandten Institution verbunden werden. Schließlich ist ein durchaus verbreiteter Gedanke in religiösen Kontexten: Erfolg ist keine Kategorie der
Bibel. Ursache für den gefühlten Widerwillen ist eine Sichtweise, die von unserer
Erfahrung geprägt ist, dass Marke und Werbung für profitoriertere Produkte des
Konsums verwendet werden. Diese Verengung greift zu kurz.

Der Blick auf den „Sachverhalt Marke" muss also struktureller Natur sein:
Dann wird deutlich, dass es sich bei einer Marke um viel mehr als um ein Logo,
ein gestalterisches Handbuch oder eine bestimmte Werbestilistik handelt. Die
Frage, was überhaupt eine Marke ist, wird selbst bei Wissenschaftlern eine Vielzahl von Deutungen hervorrufen. Geht es um generelle Antworten, abseits der
lukrativen Marketingmoden, dann gilt es, die Marke nicht als ökonomisches, sondern als soziales Phänomen zu begreifen.

Auf den folgenden Seiten wird deutlich werden, dass eine Marke ein soziales Bündnissystem ist. Wir alle wissen, dass Menschen Bündnisse mit anderen
Menschen eingehen, beispielsweise als Familie, Glaubensgemeinschaft oder
Volk. Bündnisbildung bedeutet keinen formalen Akt, sondern ein bejahendes,
hilfreiches, unterstützendes, gemeinsames Wirken. Allerdings können Menschen
auch Bündnisse zu Dingen eingehen, indem sie sie bspw. durch den Kauf oder
eine Mitgliedschaft förderlich unterstützen und ihren weiteren Bestand bzw. Entwicklung möglich machen. Soziologisch und sozialpsychologisch relevant ist
eine Marke, weil die Soziologie (in einem klassischen Wissenschaftsverständnis
nach ihrem deutschen Begründer Ferdinand Tönnies) die „Lehre von den Bünd-
nissen" ist (Tönnies 1991, S. 3).

Marken sind in ihrer Struktur Bündnissysteme, indem ein Käufer ein Bündnis
mit einer Leistung eingeht … und meist dafür bezahlt. Leistungen strukturieren
Märkte, weil bestimmte Menschen von den angebotenen Leistungen angezogen

werden, andere nicht. Märkte sind demnach nie Ursachen, sondern die Wirkungen kollektiver Erwartungshaltungen über die Zeit.

> Menschen können Bündnisse mit anderen Menschen eingehen. Oder mit Dingen und Organisationen. Die Prozesse und Dynamiken der Bündnisbildung sind markensoziologisch erklärbar.

Auch eine Kirche bietet ganz konkrete Leistungen an. Diese werden durch die Grundpfeiler kirchlichen Handelns offenbar:

a. Der Gottesdienst (leiturgia)
b. Das öffentliche Zeugnis (martyria)
c. Die Gemeinschaft (koinonia)
d. Die Hilfe für die Schwachen (diakonia)

Sämtliche dieser Felder machen die Kirche zur Kirche. Allerdings: Neben dem Verständnis der Kirche als Sinngebungssystem ist vor allem der Einsatz für die Schwachen, für die Jungen und die Alten, das Dasein in den persönlichen Momenten der Krise, die eigentliche Überzeugungsaktivität der modernen Kirche. Denn dieser Anspruch bleibt auch heute nicht abstrakt, sondern wird (im Idealfall) im sozialen Miteinander von Gemeinden, Kirchengruppen, Kindertagesstätten und Altenheimen positiv gelebt. Diese Aktivitäten treffen nahezu idealtypisch auf unser zeitgenössisches idealtypisches Verständnis über die eigentlichen Aufgaben und Rollen, die eine „gute Kirche" haben sollte. Wenn die Kirche trotz der strukturellen Glaubwürdigkeitskrise weiterhin eine Zukunft hat, dann deshalb, weil auf der kleinsten, aber wichtigsten Ebene von Mensch zu Mensch gut gearbeitet wird.

1.3   Langfristigkeit und Awareness-Strategien

Die Kirchen sind, so schreibt der Essener Generalvikar Klaus Pfeffer, von „Milieugemeinschaften zu Überzeugungsgemeinschaften" geworden (Pfeffer 2017). Kirche muss für sich gewinnen, will sie – noch oder gar erneut – soziale Relevanz entwickeln (über die Altersgruppe der „Best Ager" hinaus, die zunehmend die Wirklichkeit in den Gemeinden bestimmen und so unbewusst auch eine soziale Hermetik erzeugen). Ebenso scheint deutlich: Überzeugen wird nur der, der von sich selbst überzeugt ist und in Zeiten der unendlichen

Möglichkeiten und Optionen klare Orientierungen bietet. Denn wo alles gleich gültig ist, herrscht Gleichgültigkeit. Aus diesem Grund wird eine planvolle Kommunikation der Kirchen immer wichtiger. Sie gelingt allerdings nur, wenn zunächst die Inhalte und Grenzen definiert werden, wofür – im Sinne eines konkreten Leistungsangebotes – eine Kirche bzw. eine kirchliche Institution steht. Das Problem: In dem nachvollziehbaren Wunsch der Professionalisierung lassen sich kirchliche Institutionen der oberen Ebenen auf die klassischen Anbieter der Werbebranche mit ihren – pauschalisierend-überspitzt formuliert – Loftbüros, mit japanischem Fingerfood und schmissigen Denglish-Präsentationen ein. Das allein ist ärgerlich und leider nicht nur ein Klischee, sondern höchst gefährlich, weil die Orientierung an dem vermeintlich „Professionellen" in der Regel Kommunikationsinseln kreiert, die nichts mit der realen Organisation zu tun haben. Damit werden alle Gruppen verschreckt:

- eventuell Interessierte, weil sie im realen Kontakt plötzlich eine andere (meist alte) Kirche kennenlernen und
- die bereits Aktiven ihre Institution in der Außendarstellung nicht wiedererkennen und sich „abgeschoben" fühlen.

Hinzu kommt eine weitere Herausforderung bei der planvollen Entwicklung und Verankerung einer Marke: Ein immer wiederkehrendes Problem der klassischen Auffassung von Werbung ist das Verhältnis von Kurz- und Langfristigkeit. Strukturell betrachtet ist der entscheidende Unterschied zwischen der Kommunikation für einen Schokoriegel und der Kirche, dass Konsumgüter sich schnell verkaufen sollen, während die Institution Kirche von einem ausladenden zeitlichen Radius ausgehen sollte. Diese beiden Zeithorizonte treffen ungesagt aufeinander und bedingen oftmals eine Kommunikation, die zwar aufmerksamkeitsstark, aber vornehmlich aus diesem Grund markenschädigend ist. Jeder Werbespezialist weiß, dass Aufmerksamkeit (im Fachjargon Awareness) sehr simpel herzustellen ist: Das Überraschen und Irritieren von Vorurteilsbildern (z. B. Mercedes wirbt mit Comicfiguren oder Dinosauriern) oder das Brechen von Tabus führt garantiert zu Aufmerksamkeit, aber es hat meist gar nichts mit der Wirklichkeit in der beworbenen Institution oder den zu bestätigenden Inhalten zu tun. Vor allem (be)-stärkt es nicht strukturell das Vertrauen in einen Anbieter oder eine Institution.

▶   Aufmerksamkeit („Awareness") hat nichts mit Markenstärke zu tun.

1.4   Empfehlung schlägt Werbung

Hinzu kommt, dass die eigentliche Wirksamkeit von Werbung in Zeiten der Digitalisierung maßlos überschätzt wird. Kaum ein Mensch vertraut noch Werbung,
wenn er sie denn überhaupt auf seinem Smartphone-Bildschirm visuell erkennt.
Stattdessen wird der ganz *altmodische* Rat eines Familienmitgliedes oder Freundes immer wichtiger (der hoch gefeierte Influencer nimmt eben diese Rolle
metaphorisch auf und highjacked die Vorstellung des guten Freundes vor dem
Hintergrund wirtschaftlicher Interessen). Oftmals haben Bewertungen im Internet
die Rolle des „Ratgebers" übernommen.

Was folgt daraus? Eine langfristig orientierte Überzeugungskommunikation
für die Kirchen muss nicht vornehmlich an Bildern, Logos oder Internetseiten
ansetzen, sondern die Leistungsfelder der Kirchen stärken. Diese Überzeugungskommunikation setzt auf die stärkste Botschaft überhaupt: die guten Erfahrungen
der Menschen, die mit einer Kirche und ihren Vertretern in Kontakt kommen.
Dies bedeutet die Stärkung aller Felder, in denen die positiven Vorurteile gegenüber der Kirche ihre konkrete Entsprechung erfahren. Engagierte Kindergärten,
die Sorge um die Alten und die Hilfe in schwierigen Lebenssituationen sind die
entscheidenden Bausteine, damit Kirche wirkt. Es sind eben nicht zielgruppen-
orientierte Gottesdienste mit Coffee-Lounge, Latte Macchiato und Elektrop-
unk-Musik, denn für einen guten Kaffee geht kein Mensch in die Kirche – das
kann Starbucks besser. Der Wunsch einer zugänglichen Kirche ist nachvollziehbar, aber die Gefahr von „Werbeinseln" ist seit gut drei Jahrzehnten im (markensoziologisch geprägten) Kommunikationskontext bekannt: Herausragende und
an neuen Zielgruppen orientierte Gestaltungsmaßnahmen führen zweifelsfrei zu
Erfolgen an den Rändern. De facto lassen sie aber die traditionelle Marke noch
älter aussehen als zuvor zurück. Die Ränder erodieren auf die mittlere Sicht den
Kern, weil sie über die Außenorientierung stilistische Vorgaben machen, die die
eigentlichen Leistungserbringer strukturell entwerten und irritieren, während die
neuen Zielgruppen ein Eigenleben entwickeln, das sich selbst abgrenzen muss,
um eine Existenzberechtigung zu verdeutlichen.

Vor dem Hintergrund dieser Überlegungen macht es Sinn, auf den Kern
resonanzstarker Kommunikation und Überzeugungsarbeit zurück zu kommen: der
konkreten Handlung. Im Fall der Kirche: Glaube konkret machen. Viele unterschiedliche Menschen haben über die Jahre immer wieder Antworten auf ihre
jeweiligen Fragen gesucht – deshalb handelt es sich bei der Kirche heute um
eine vielschichtige Sozialgestalt. Jedoch können diese Antworten nicht beliebig
sein. So weist Halfar auf die Grenzen eines kirchlichen Entwicklungswillens (bei

der katholischen Kirche) hin: „Die theologische Tradition der römisch-katholischen Kirche nimmt relativ deutliche Verknüpfungen zwischen Glaubensinhalten und organisatorischer Gestalt der Kirche vor und spricht dabei immer wieder von einer unauflösbaren Einheit aus weltlichen und geistlichen, ja mystischen Bedeutungen." (Halfar 2007, S. 64)

Klar ist aber auch: Das vermeintliche Beharren und Vertiefen „bekannter Werte und Leistungen" der Kirche mag auf den ersten Blick wie ein „Weiter so" wirken. Spannende Websites, eine jugendliche Sprache oder ein cooler Gottesdienst sprechen an und verdeutlichen für alle schnell und eindeutig, „dass sich etwas tut". So bot die evangelische schwedische Kirche in den vergangenen Jahren „Abba Messen" an. Der Pfarrer stand zweitweise vor einem DJ-Pult und „legte auf". Die New York Times berichtete: „In the past several years, churches throughout Sweden, […], have held ‚Abba Masses', in which the choir belts out ‚Waterloo' and other hits by the group. ‚Money, Money, Money' is a favorite accompaniment during the collection round." (Abend 2018) Diese Form der Kommunikation wird werbetheoretisch als Anbiederungsstrategie kategorisiert: Die Erfahrung aus der klassischen Markenführung ist, dass diese Formen der Kommunikation zwar kurzfristig die Aufmerksamkeit erhöhen, aber langfristig die eigentliche „Markierungsfunktion" aufheben und damit die Marke schwächen.

Halfar schreibt hinsichtlich der Orientierungsfunktion der Kirche: „Wenn sie nicht ganz bewusst ihre eigene Kompetenz ins Spiel bringen und bereit sind, selber auch anstößige und unbequeme Positionen einzunehmen, werden die Kirchen leider für viele Menschen uninteressant (bleiben)." (Halfar 2007, S. 28)

Bei revolutionären Veränderungen stellt sich die Frage (neben einer theologischen Beurteilung): Ist dieser Wandel nur eine oberflächliche Show? Und vor allem: Ist er authentisch? Passt er zur kollektiv verankerten Vorstellungswelt hinsichtlich einer Marke? Es ist zu überlegen, ob Marken überhaupt in der Lage sind, innerhalb kurzer Zeit die kulturell verankerten Vorstellungswelten und Gewohnheitsmuster zu verändern. Aus der Warenwelt ist bekannt, dass die Veränderung der öffentlichen Wahrnehmung der Automarke AUDI von einer kleinbürgerlichen Transporteinheit zu einem Lifestyle-Auto ca. 30 Jahre in Anspruch nahm – vor dem Hintergrund eines nahezu diktatorischen Durchsetzungswillens, der durch einen beständigen Aufsichtsratsvorsitzenden gegeben war. Mercedes- Benz versucht seit 30 Jahren, die Marke für junge Zielgruppen attraktiv zu machen: Das durchschnittliche Alter der Kunden beträgt weiterhin 57 Jahre. Diese Marken-Leistungen bedeutender Automarken sind unfassbar klein im Gegensatz zum Versuch einer Umpositionierung einer 2000 Jahre alten Institution.

▶ Anpassung führt kurzfristig zu Aufmerksamkeit. Langfristig verliert eine Marke – gerade in Zeiten des Kommunikationsgewitters – ihre Erkennbarkeit und Anziehungskraft.

1.5 Flagshipstore Kirche

Gerade wenn in der Fläche immer weniger Gemeinden „ihre" Kirchen und Zentren haben, kommt es darauf an, in den verbliebenen Häusern im Sinne von „Flaggschiffen" konzentriert und idealtypisch Präsenz zu zeigen: Als gemeinschaftliche Institution, die die Caritas, das heißt das Wirken für andere, in den Vordergrund stellt. Halfar weist auf den hohen Wert dieser caritativen Leistungen hin: und nennt sie vor einem volkswirtschaftlichen Kontext „meritorische Leistungen". Sie seien: „Leistungen, die vom Anbieter oder von politischen Entscheidungsgremien – unabhängig von der konkreten Nachfrage – besonders wertgeschätzt, d. h. vor jeder subjektiven Beurteilung durch andere für wertvoll gehalten werden und deswegen auch, soweit möglich, unabhängig von der Zahlungsfähigkeit und Zahlungsbereitschaft der potenziellen Nutzer auf den dadurch ‚manipulierten Markt' gebracht werden." (Halfar 2007, S. 34)

Diese Flaggschiffe müssen die Leuchttürme christlichen Lebens sein – ganz konkret und vor allem authentisch und lebensnah in ihrer Präsenz. Wenige Leuchttürme, aber im übertragenen Sinne gut und hell – durch herausragende Angebote für Kinder und Jugendliche, durch Treffpunkte für Engagierte, Starke und Schwache. Eine moderne Kirche muss den durchgesetzten Marktlogiken überzeugt entgegentreten – nicht prinzipiell, aber dort, wo die Schöpfung in Gefahr gerät. Anders gewendet: Kirche macht ein konkret erfahrbares Angebot, das in einem spezifischen Gestaltzusammenhang einen individuellen Zugang ermöglicht.

Dieser Ansatz deckt sich mit der vom Soziologen Andreas Reckwitz erarbeiten Theorie der „Singularitäten". Reckwitz stellt die leitende These auf: „In der Spätmoderne findet ein gesellschaftlicher Strukturwandel statt, der darin besteht, dass die soziale Logik des Allgemeinen ihre Vorherrschaft verliert an die soziale Logik des Besonderen." (Reckwitz 2018, S. 11) Und an anderer Stelle: „Wenn Menschen, Dinge, Orte oder Kollektive einzigartig erscheinen, wird ihnen ein Wert zugeschrieben und sie erscheinen gesellschaftlich wertvoll. Umgekehrt – und von erheblicher gesellschaftlicher Tragweite – gilt dann aber auch: Wenn ihnen die Einzigartigkeit abgesprochen wird, sind sie wertlos." (Reckwitz 2018, S. 17)

Die Kernthese lautet also: Kirchen entfalten in dem Moment übergreifende Anziehungskräfte, wenn sie ein klares, eindeutiges Leistungsangebot mit Individualisierungsoption schaffen.

Diese Ansicht ist durchaus umstritten. So weist die Studie *Kirche im Umbruch* (EKD 2019) einen anderen Weg: Kirche sollte eben nicht auf ihre ohnehin durchgesetzten caritativen und damit konkreten Leistungsfelder setzen, sondern viel eher den Glauben als sinnhafte Transzendenzerfahrung für den Einzelnen in den Mittelpunkt rücken, um gerade in der Gruppe der 20- bis 34-Jährigen, deren Austrittswahrscheinlichkeit überproportional ist, wieder Relevanz zu entwickeln.

Diese Ansicht ist zwar nachvollziehbar, aber höchst gefährlich, sofern sie das entscheidende Kommunikationsmaterial für die Stärkung der Marke Kirche bildet. Denn „Glaubenserfahrungen" sind höchst subjektiv und emotional getragen. Das mag der zeitgenössischen Vorstellung des „mass-customized"-Lebensentwurfes, d. h. der Individualisierung, entsprechen, aber ein „Baukastenprinzip Glauben" bewirkt keine Markenspezifik. Was „Glaube" bedeutet ist (heute) höchst spezifisch und in seiner Unbegreifbarkeit im Sinne eines Markeninhalts schwer zu bestimmen. Hinzu kommt die kommunikative Gesetzmäßigkeit, dass abstrakte Inhalte den Denk- und Mitteilungslogiken der Menschen nicht entsprechen: Menschen verstehen, begreifen und kategorisieren stets konkret. Menschen denken nicht in abstrakten Gefühlswelten wie „Glaube", sondern nehmen den Glauben als konkrete Erfahrung eines Gebetes, eines Gottesdienstes oder eines Gesprächskreises wahr. Eben eines sehr konkreten „besonderen" Moments. Aus diesen faktischen Erlebnissen manifestiert sich die Vorstellung eines Glaubens, der „zu mir passt" oder auch nicht. Wenn also die Liebes-, Mitmenschlichkeits- und Friedenserfahrungen des Christentums die entscheidende Transzendenzerfahrung ist, so müssen die Kirchen umso stärker dieses Glaubensprinzip verkörpern, verdeutlichen, kurzum leben – und zwar so, dass gerade die Altersgruppe junger Erwachsener eine reale Sinnhaftigkeit erkennt. Das funktioniert nur konkret und nicht über „einen Glauben an sich".

In dieser Vorstellung bilden die kirchlichen Gemeinden „Räume des Menschlichen", in denen Konkurrenzgedanken und Fragen der Wirtschaftlichkeit reduziert sind und den konstruktiven Zweifel zulassen. Kirchen müssen wieder zu besonderen Orten mit Standpunkt und Leistung im Sinne der des Miteinanders werden. Kurzum: Mitmenschlichkeit in all ihren Facetten ist die Leistung der Kirchen.

An sich sind die Kirchen in einer perfekten Position: Sie müssen nur mit Stolz auf ihre eigenen Leistungen verweisen und eben kein Spielball des Zeitgeistes sein. Ganz im Gegenteil zu der verbreiteten Auffassung, der Wahrnehmung der Kunden entsprechen zu wollen, sind alle starken Marken davon geprägt, dass sie *wahrgeben*, d. h. die Lebensrealität auf ihre spezifische Art und Weise interpretieren und so in der Unendlichkeit der Möglichkeiten der modernen Welt überhaupt erkennbar werden. Heute geht es vielfach nicht darum, welcher Standpunkt und welche Positionierung vertreten werden, sondern dass überhaupt ein Standpunkt existiert.

Die Kirche muss die zweifelsohne bestehenden sozialen und sozialpsychologischen Veränderungen anerkennen und sie vor dem Hintergrund ihres schöpferischen Leistungsportfolios selbstbewusst und fokussiert in die Neuzeit transferieren – und nicht den Kommunikationsprofis und Werbern vertrauen, die die Logik der „Emotionalisierung durch Emotion" auf die Kirche übertragen wollen. Kirche kann ihre Funktion als eine umfassende Sinn-Instanz wahren und sogar wiedererlangen, wenn sie die „Wirklichkeit" als „Lebenswirklichkeit" ernst nähme. Das konkrete Menschsein im Alltag mit seinen Herausforderungen, großen und kleinen Katastrophen und großen und kleinen Erfolgen ist die Basis aller Relevanz. Kirchen sind im Idealfall Oasen der Menschlichkeit in einer zunehmend komplexer und komplizierter werdenden Welt.

Die nachfolgenden Seiten geben in einem sehr reduzierten Umfang einen einleitenden Überblick, wie genau eine Kirchengemeinde oder eine kirchliche Organisation auf Basis eines strategischen Instruments planvoll entwickelt werden kann und wie die erbrachten Leistungen schließlich glaubwürdig an die Öffentlichkeit weitergetragen werden können. In der Realität ist ein Markenstärkungsprozess umfangreicher und vielschichtiger als hier vorgestellt.

Die grundsätzliche Frage wird sein, welche Milieus und Lebensumfelder die Kirche noch anspricht, ob sie an *einem* Verkündigungs- oder weltlich gewendeten Überzeugungsmodell festhalten sollte oder ob sie, wie in der Geschichte oft und umfassend geschehen, „auf unterschiedliche Milieus in unterschiedlicher Weise zugeht", fragt der Religionssoziologe Gregor Siefer und führt weiter aus: „Das neue Problem liegt jedoch darin, dass diese Relativierungen in einer global transparenten Welt jederzeit und jedermann offenbar werden können." (Siefer 2012, S. 96)

Wie Marke wirkt

2

Wenden wir uns nun dem Phänomen Marke aus einer grundsätzlichen Perspektive zu. Wir werden Antworten auf die Frage geben, warum die Marke zunächst ein sozialer und erst in zweiter Linie ein ökonomischer Sachverhalt ist. Dabei wird deutlich, dass Marken auf kollektiv geteilten Vorurteilen beruhen, die die Grundlage für soziales Vertrauen sind. Mit den sieben Grundsätzen der Markenführung werden die generellen Prämissen für die erfolgreiche Entwicklung einer Marke gesetzt.

2.1   Was ist eine Marke?

Auf die Frage, was eigentlich eine Marke ist, gibt es eine Vielzahl von Antworten. Lehrbücher der Betriebswirtschaft führen auf mehreren Seiten die durchdachten Definitionen anerkannter Wirtschaftswissenschaftler auf. Die zahlreichen Auslegungen wirken zumindest für die sogenannten Fachleute plausibel, und doch macht allein die Vielzahl der Ansätze deutlich, dass mit einem allein ökonomisch orientierten Zugriff der Kern dessen, was eine Marke zu einer Marke macht, offensichtlich nicht hinreichend erklärt werden kann. Auffällig ist, dass die aktuellen Definitionen Begriffe wie Bekanntheit, Image oder – im besten Falle – Vertrauen in ihre Überlegungen integrieren. Allesamt keine Kernbegriffe der Ökonomie, sondern eher der Psychologie oder – wenn wir davon sprechen, dass Marken immer mehr als nur einer Person, also einer Personengruppe, d. h. einem Kollektiv von Menschen, zusagen sollten – der Soziologie.

Die Vorstellung vom „Phänomen Marke" hat bereits seit langem ihren Platz im „normalen" Alltag gefunden. Zum Beispiel, wenn Menschen miteinander

O. Errichiello und A. Zschiesche, *Die Kirche als Marke stark machen*, essentials, https://doi.org/10.1007/978-3-658-28997-3_2

sprechen und solche merkwürdigen Sätze zueinander sagen wie: „Du bist echt 'ne Marke." Meist fällt dieser Ausspruch dann, wenn etwas Besonderes, etwas Eindrucksvolles geschieht, eine Person so aus den Routinen hervorbricht, dass ihre Worte oder ihr Handeln eine Spur hinterlässt. Kurzum: Der Alltag versteht unter einer Marke etwas, was einzigartig ist.

2.1.1 Ein intuitiv (richtiges) Verständnis

Es scheint so, dass die Alltagskommunikation eher Hinweise auf das Wesen und die Merkmale einer Marke gibt als jede noch so durchdachte wissenschaftliche Definition, denn der Ausspruch fällt nicht zufällig, sondern die Aussage beruht auf faktischen Handlungen und Beobachtungen: „'Ne Marke" ist man erst dann, wenn man auf eine spezifische Art und Weise gehandelt hat, nicht bereits dann, wenn man für sich in Anspruch nehmen würde, irgendwann besonders zu handeln. Markenkraft entsteht also immer aus konkret wahrnehmbaren Handlungen und nie aus Absichtserklärungen. Menschen, die nur behaupten, sie würden besonders handeln, werden eher als „Blender" oder „Angeber" bezeichnet – ganz und gar nicht mit dem positiven Unterton, vielleicht sogar Respekt, der einer „Marke" in ganz spezifischer Weise zu eigen ist.

Hinzu kommt ein weiterer Aspekt: Marke braucht Resonanz. Marke entsteht immer erst dann, wenn die Handlungen eines Gegenübers von uns positiv eingeordnet werden: als besonders schön, besonders klug, besonders funktional, besonders eigenwillig. Indem wir auf die Handlung des Anderen positiv reagieren, entsteht ein Beziehungsgeflecht aus Aktion und Reaktion, das uns mit dem Gegenüber in eine produktive Verbindung bringt, vielleicht sogar wegen der Attraktivität ein weiteres Hin und Her bedingt.

2.1.2 Marke ist ein Kulturkörper

Gerade in Zeiten, in denen uns die Marke oftmals nur noch als ökonomische Größe mit einem klar quantifizierten monetären Wert oder als besonders lifestyliges Gestaltungsphänomen begegnet, ist es umso wichtiger klarzustellen, dass das markierte Produkt viel mehr ist als „nur" ein Logo oder ein besonders perfides Mittel, um die Menschen – bereits Kinder auf dem Schulhof – dazu zu bewegen, für zweifelhafte Produkte viel zu hohe Preise zu bezahlen. Ohne

Zweifel hat das zeitgenössische Markenwesen zahlreiche unerfreuliche und separierende Erscheinungsformen hervorgebracht; so können Marken Menschen ausgrenzen, nämlich in die, die Markenprodukte kaufen (können), und jene, die sich auf „unmarkierte" Produkte beschränken müssen. Gleichzeitig stellt sich allerdings heraus, dass Marken über Epochen und Kulturen hinweg bestanden: Archäologen finden heute 3000 Jahre alte Tonkrüge, die das Siegel eines Handwerkers tragen. Selbst zu Zeiten, in denen das „kapitalistische Markenwesen" als unvernünftig und versklavend gebrandmarkt wurde, pflegte die DDR ein blühendes Markenwesen und entwarf bestimmte Ostmarken als direkten Gegenentwurf zu besonders glorreichen kapitalistischen Westmarken (vgl. Zschiesche/Errichiello 2009). Was bedeutet das? Anscheinend befriedigt die Marke ein grundsätzliches anthropologisches Bedürfnis: nämlich mit einem Produkt oder einer Dienstleistung einen Namen zu verbinden – am besten sogar einen „guten Namen". Denn die starke Marke hat das universelle Talent, die Anonymität zwischen einem Anbieter und einem Käufer zu überbrücken. Sie schafft ein gutes Gefühl, indem sie der anonymen (Massen-)Ware eine Herkunft, eine Geschichte, Konturen und damit ein „Gesicht" gibt. Nichts ist für einen Menschen schwieriger zu bewältigen, als eine kontextlose und vollständig anonymisierte Situation, weil sie uns keine Anknüpfungspunkte ermöglicht. Warum fragen wir den unbekannten Menschen im Flugzeugsitz neben uns als erstes: „Woher kommen Sie denn?" Der Mensch will kategorisieren, da er in einer unübersichtlichen Welt Anker benötigt, die ihm Halt und damit Sicherheit bieten. Eine Welt ohne Orientierung und Sicherheit ist schwierig, denn wir alle suchen zeitlebens Halt – in der Familie, bei Freunden, im Beruf, im Glauben.

2.1.3 Vertrauen als wirtschaftliche Größe

Gerade zu Zeiten, in denen tradierte Orientierungssysteme wie Familie, Herkunft oder Religion immer instabiler und unbedeutender für den modernen Menschen werden – mit allen negativen und positiven sozialen Folgen –, lässt sich gleichzeitig nicht konstatieren, dass der Mensch nun in die Epoche der Bindungslosigkeit taumelt. Im Gegenteil: Die Auflösung der „alten" Orientierungssysteme hat neue Formen hervorgebracht: Marken wie Harley-Davidson, Apple oder BMW gelingt es, wie „Glaubenssysteme" aufzutreten, die große Beiträge für die Identität des einzelnen Menschen bereitstellen (dies kann man kritisieren, ablehnen oder als Sachverhalt hinnehmen). Glaubenssysteme sind Marken deshalb, weil selbst die noch so stichhaltigsten Argumente verpuffen, wenn man erst einmal einer Marke „vertraut" – vielleicht sogar blind. Nicht umsonst werden überzeugte Apple-Kunden als „Apple-Jünger" bezeichnet.

Wie oft „blind vertraut" werden muss, demonstriert jeder Supermarkteinkauf: Die Tatsache, dass wir einen herkömmlichen Supermarkt mit mehr als 30.000 unterschiedlichen Produkten mit einer prall gefüllten Einkaufstasche verlassen (können), hat damit zu tun, dass wir aus der Vielzahl des Angebotes „unsere bekannten" Produkte ganz zielsicher aussuchen – und wenn mal ein neues hinzukommt, dann drehen und wenden wir es kritisch und haben ein Vor-Vertrauen, wenn uns wenigstens das dahinterstehende Unternehmen bekannt vorkommt: „Das ist von Landliebe, das wird schon gut sein."

Heutzutage ist „Vertrauen" ein gern verwendetes Wort. Viele Menschen und Unternehmen bitten um unser Vertrauen. Jede Wahlkampfrede endet mit dem Appell, dem Bewerber um ein Amt „zu vertrauen". Entscheidend ist: Vertrauen kann man nicht befehlen. Gerade dann, wenn ein uns Unbekannter vehement um Vertrauen bittet, dann spüren wir, dass da irgendetwas nicht stimmt – Vertrauen steht nämlich immer am Ende einer Kausalkette. Tiefes Vertrauen entsteht, wenn ein Mensch oder ein Unternehmen über die Zeit bewiesen hat, dass die mit ihm verbundene Eigenschaft stetig und in gleichbleibender Art erbracht wird. Im Optimalfall gefallen uns die charakteristischen Eigenschaften, dann lassen wir uns vielleicht auf eine Freundschaft ein. Es entsteht ein Wirkungszusammenhang, der unser Beobachtungstalent und den Wunsch zu prüfen kontinuierlich reduziert. Dabei mag es durchaus einen unterschiedlichen Umfang haben, wann wir beginnen zu vertrauen: Unserem Lieblingsrestaurant „trauen" wir im besten Fall zu, ein wunderbares Menü zu bereiten, unsere Freunde sollten bereits umfangreichere Felder abdecken, bevor wir sagen können, dass wir mit ihnen durch „dick und dünn" gehen. Vertrauen kennt unterschiedliche Intensitäten. So vertrauen wir einem Regenschirm-Anbieter vielleicht leichter als einem Unternehmen der Sozialwirtschaft.

Diese Beispiele machen deutlich, dass keine Marke über Nacht entsteht. Aufmerksamkeit kann schnell über einen massiven Werbeeinsatz, über Witz und gezielte Tabubrüche erzeugt werden, aber das heißt noch lange nicht, dass wir ein Produkt kaufen – meist tritt sogar das Gegenteil ein. Gerade bei Produkten, deren Funktionen für uns entscheidende Alltagsbedeutung haben, von der Geschirrspülmaschine bis zum Auto, kann der Gag das Vertrauen unterminieren und eine faktenbasierte Werbung jedes Topmodel schlagen.

2.2   Das Energiesystem Marke

Um die strukturelle Funktionsweise eines komplexen Markensystems wie das der Kirche nachvollziehen zu können, wird zunächst an einem kleinen konkreten Beispiel einer weltlichen Marke verdeutlicht, wie genau dieses System Marke funktioniert.

Der Ausgangspunkt jeder Marke ist stets die individuelle Idee eines Menschen: Dem Erfinder oder der Erfinderin fällt etwas ein, was dem Alltag hinzugefügt werden sollte, meist um etwas zu verbessern – in den meisten Fällen heute geht es um Details, aber eben Details, die für bestimmte Menschen von Relevanz sind. Dies können Dienstleistungen sein oder eine revolutionäre Technik, es kann auch lediglich der günstigere Preis sein. Unternehmen vervielfältigen diesen Einfall. In einer Forschungs- und Entwicklungsabteilung entstehen die Ideen rund um ein Unternehmen herum, die Produktion sorgt für die massenhafte Herstellung, der Einkauf sorgt nicht nur dafür, dass ausreichend Rohstoffe und/oder Zulieferteile zur Verarbeitung bereitstehen, sondern ihm kommt auch die besondere Aufgabe zu, die richtigen, d. h. die passenden Bestandteile auszuwählen. Schließlich hat es auf die Produkt- oder Dienstleistungsgüte direkte Auswirkungen, ob die preiswertesten oder auch billige und minderwertige Rohstoffe in die Produktion gelangen oder aber bestimmte (überprüfte) Qualitäten.

Sodann obliegt es dem Vertrieb, die geeigneten Verkaufsorte für die Ware auszuwählen und einen angemessenen Preis zu definieren. Soll das Produkt oder die Dienstleistung überall zu haben sein oder aber nur in ausgesuchten Fachmärkten? Klar ist, dass die Erfahrung, wo man ein Produkt findet, direkte Auswirkung auf das Wertigkeitsverständnis gegenüber der Ware haben wird: Kiosk oder Fachabteilung? Apotheke oder Drogeriemarkt? Schließlich haben findige Marketingprofis noch die Aufgabe, die Ware resonanzstark in der Öffentlichkeit bekannt zu machen – eine immer schwierigere Aufgabe in Zeiten, in denen mehr als 3000 Werbebotschaften tagtäglich auf uns einwirken. Daher werden heute bevorzugt bereits existierende Marken gekauft, bevor jemand sich entschließt, eine neue Marke komplett aufzubauen. Der Käufer einer Marke kauft nämlich nur oberflächlich betrachtet „Markenrechte" oder ein „Logo", der eigentliche Wert seines Kaufs liegt darin, dass er den Speicherplatz in den Köpfen der Menschen erwirbt: Erlebnisse, Erfahrungen, Gewohnheiten, die direkt mit einem Namen verknüpft sind.

Als Produkt oder Dienstleistung trifft die Ware schließlich auf die erweiterte Öffentlichkeit, die sich über unzählige Kontaktpunkte, die weit über klassische Werbung hinausgehen, ein Bild von der neuen Leistung macht. Im besten

Fall stößt das Angebot auf Zuneigung, später dann auf generelle Zustimmung – bestenfalls geht es so weit, dass viele Menschen bereit sind, ihr hart verdientes Geld (oder ihre Zeit – bei Organisationen wie Vereinen oder Gemeinschaften) regelmäßig dem Unternehmen zu geben, weil der Wert der Ware oder der Dienstleistung den faktischen Geldwert für diese Personengruppe zu übertreffen scheint.

> Die starke Marke funktioniert nach dem Prinzip eines Generators und eines Akkus. Über die Zeit entsteht ein in sich geschlossenes Energiesystem, dessen entscheidende Voraussetzung ist, dass die Aktivitäten des Generators in verlässlicher Art und Weise auf die Kundschaft treffen (s. Abb. 2.1).

Abb. 2.1 Funktionsweise von starken Marken. (In Anlehnung an Deichsel et al. 2017; mit freundlicher Genehmigung von © Springer Fachmedien Wiesbaden GmbH 2017. All Rights Reserved)

Erst wenn alle diese Kontaktpunkte über längere Zeit in spezifischer Art und Weise erkennbar sind, die Signalstruktur der Marke also zuverlässig sendet („Zusageverlässlichkeit" nennt es die Markensoziologie), realisiert sich das Ziel jeder langfristigen Markenführung: Es entsteht ein positives Vorurteil hinsichtlich einer Marke. „Dieser Organisation können wir vertrauen." – „Dort gibt man sich Mühe". In dem Moment, wo Menschen, die mit einer Marke in Berührung kommen, diese Vorausurteile aussprechen, vielleicht sogar andere daran teilhaben lassen, erkennt die Markensoziologie eine Marke.

> ⯈   Marke ist strukturell betrachtet ein positives Vorurteil, das eine Gruppe
>   von Menschen in Bezug auf die Leistung eines Unternehmens teilt.

Abb. 2.1 zeigt aber auch, dass die eigentlichen Kräfte einer Marke nicht auf Seiten des Eigentümers einer Marke liegen, sondern allein in den Köpfen der Menschen, die das positive Vorurteil einer Marke pflegen und vielleicht sogar weitertragen. Eine Marke gehört in diesem Sinne nicht dem Geschäftsführer oder Bischoff, sie gehört allein der Kundschaft oder ihren Anhängern.

2.2.1   Das förderliche Vorurteil

Der Begriff Vorurteil ist in der deutschen Sprache negativ konnotiert. Schließlich haben wir als aufgeklärte, rational abwägende Menschen gelernt, dass es höchst fragwürdig ist, Vorurteile zu hegen. In der Tat gibt es viele schreckliche Beispiele dafür, dass negative Vorurteile zu destruktivem Verhalten geführt haben und der gezielte Einsatz negativer Vorurteile monströse Folgen nach sich ziehen kann. Nichtsdestotrotz kennzeichnet den Menschen, dass das soziale Leben „angefüllt" ist mit negativen wie positiven Vorurteilen, die unser Leben strukturieren und ordnen – für den wirtschaftlichen Erfolg eines Unternehmens ist es allein entscheidend, wie stark und verankert die positiven Vorurteile in der Öffentlichkeit sind. Wenn erst einmal Vor-Vertrauen herrscht, dann sinkt der Aufwand, Menschen zu überzeugen, ein bestimmtes Produkt zu kaufen: „Die Marke spricht für sich!"

> ⯈   Marke bedeutet immer – ob im „normalen" Wirtschaftsleben oder im
>   Bereich der Kirche – den Kampf um das stärkste Vorurteil.

So betrachtet ist die Marke viel mehr als nur ein ökonomischer oder betriebswirtschaftlicher Sachverhalt. Marke ist ein soziales System, das in einer Zeit, deren Inhalte immer unbeständiger und wechselhafter werden, den Menschen

Tab. 2.1 Zwei Markenmanagement-Ansätze im Überblick

Markensoziologische Markenanalyse	Marketingmethode
Innenorientiert	Außenorientiert
Identitätsgeleitet	Imagegeleitet
Konkret	Abstrakt
Bewusst	Unbewusst
Simpel	Komplex
Eigenentwickelt	Marktforschungsorientiert
Ursache	Wirkung
Genetischer Code/Erfolgsprofil	Imageanalyse

Sicherheit und Orientierung bietet. Denn – und das tröstet auch zu Zeiten, in denen von „Markenhörigkeit" oder gar vom „Markenterror" gesprochen und geschrieben wird – am Ende haben nur die Marken dauerhaft Bestand, die durch eine ehrliche Leistung über die Zeit das Vertrauen der Menschen Tag für Tag verdienen. Manchmal seit zwei Jahrtausenden.

Nunmehr sollte die sozioökonomische Sichtweise in Hinblick auf das Bündnissystem Marke deutlich geworden sein. Dieser Ansatz unterscheidet sich weitgehend von der klassischen Marketing-Methodik. Hintergrund dafür ist die Tatsache, dass die soziologische Sichtweise vor allem die Langfristigkeit der Aktionen in das Zentrum der Aktivität rückt, indem Vertrauenssysteme entstehen sollen. Das kostet Zeit. Im Gegensatz betont ein klassischer ökonomischer Ansatz die schnelle, aber ebenso flüchtige Verankerung der Marke. Zusammengefasst lassen sich die Unterschiede wie in Tab. 2.1 idealtypisch verdeutlichen.

2.2.2 Die sieben Grundsätze der Markenführung

Im Folgenden werden die sieben Grundsätze der Markenführung verdichtet.

Grundsatz 1
Eine Marke ist ein positives Vorurteil.

Aus Sicht der Markensoziologie ist jede Marke ein positives Vorurteil in den Köpfen der Menschen. Jede Marke existiert, weil eine bestimmte Gruppe von Menschen ein positives Vorurteil über die Leistung eines Anbieters oder einer Organisation besitzt. Eine für sich heterogene Personengruppe verfügt über ein geteiltes positives Vorurteil hinsichtlich einer spezifischen Leistung und bildet in Bezug auf diesen Leistungserbringer eine homogene Gruppe.

Trotz aller Kritik an den Amtskirchen profitieren die Gemeinden und kirchlichen Sozialträger weiterhin von übergreifender kollektiver Wertschätzung. So ist immer wieder beobachtbar, dass der Hinweis, dass es sich um eine kirchliche Einrichtung handelt (bspw. ein Altenheim, ein Kindergarten, eine Jugendgruppe) automatisch dazu führt, dass viele Menschen davon ausgehen, dass die Zielsetzungen nicht vornehmlich profitorientiert sind, sondern den Menschen und seine Bedürfnisse ins Zentrum rücken.

Der Sozialpsychologe Reinhold Bergler schreibt: „Kein Vorurteil wäre bedenklicher als die Annahme, ohne Vorurteile leben zu können. Die schlechthin vorurteilsfreie Existenz ist nicht vollziehbar. Das gilt im Prinzip für jeden Bereich, dessen wir uns vital, sozial, intellektuell oder sentimental bemächtigen." (Bergler 1976, S. 7)

Allerdings: Selbst stärksten Marken gelingt es, maximal drei positive Vorurteile auf sich zu vereinen und kollektiv zu verankern – vollkommen unabhängig davon, ob es sich um eine weltweit tätige Organisation oder einen Anbieter aus der Nachbarschaft handelt, der gar nicht über sein Viertel hinaus agieren will. Auch führt nicht ein höheres Alter einer Marke automatisch zur einer größeren Zuordnung von Attributen. Weder Verbreitung noch zeitliche Verankerung führen zu einem „Mehr" an positiven Vorurteilen. Der Grund ist simpel: Marken haben die Aufgabe, die Komplexität der Welt zu fokussieren. Würden uns also unzählige Attribute in Bezug auf eine Marke einfallen, dann erfüllte sie ihren eigentlichen Sinn nicht mehr.

Grundsatz 2
Gute Leistungen erschaffen positive Vorurteile.

Dieser „einfache" soziale Vorgang ist entscheidend für die Markenbildung: Menschen sind mit einer Leistung dauerhaft zufrieden. So zufrieden, dass sie wiederholt Kontakt aufgenommen haben und wiederholt keine Enttäuschung erleben mussten. Die Folge: Eine Anzahl Menschen redet positiv über eine Leistung und vermehrt darüber die Anzahl der Interessierten.

Menschen sprechen in einem seriösen Gespräch nicht von „der Kirche", sondern von einzelnen Erlebnissen, die sie in einer Gemeinde gemacht haben: ein besonderer Gottesdienst, eine Pastorin, die einer Hochzeit einen gedanklich-stilvollen Rahmen gab, oder ein Pfadfinderlager. Daraus entsteht das übergreifende (positive) Vorurteil: Die Kirche engagiert sich.

Grundsatz 3
Positive Vorurteile sind das Fundament, auf dem Marken stehen.

Als Dienstleistung trifft eine Idee auf die erweiterte Öffentlichkeit, die sich über unzählige Kontaktpunkte, die weit über klassische Werbung hinausgehen, ein Bild von der Leistung macht. Im positiven Falle stößt das Angebot zunächst auf Zuneigung, später auf generelle Zustimmung – bestenfalls geht es so weit, dass viele Menschen bereit sind, ihre Zeit und ihr Engagement regelmäßig der Organisation zu widmen, weil der Wert der Dienstleistung oder der Erfahrung den faktischen Einsatz zu übertreffen scheint.

Auch eine Kirchengemeinde lebt von den Erfahrungen, die Menschen zuvor in und mit ihr gemacht haben. Im persönlichen Kontakt spielen grundsätzliche Einstellungen keine tragende Rolle.

Grundsatz 4
Marken sind „kollektive Vernetzungssysteme": Menschen sprechen selbsttätig über bestimmte Leistungen, die von einem Anbieter erbracht werden.

Eine Marke bewirbt sich mit ihrem Angebot und ihrem Auftritt um das Vertrauen der Menschen hinsichtlich einer Leistung. Ein Angebot, für das alle Menschen, für die es relevant und hilfreich ist, an sich ausgesprochen dankbar sein sollten (und es oftmals auch sind), denn es erleichtert, perfektioniert, verschönert oder ermöglicht überhaupt erst ihren privaten Alltag.

Eine Organisation oder ein Unternehmen, welches es erfolgreich – meist über Jahre oder Jahrzehnte, manchmal über Jahrhunderte – vermocht hat, sich ein starkes Vor-Vertrauen zu erarbeiten, blickt auf ein klares Verständnis auf die Ge- und Verbote des eigenen Tuns zurück. Jede Marke erfordert einen hochsensiblen Umgang mit ihrem ebenso hochsensiblen sozialen Inhalt und dem entscheidenden

Unternehmenswert: (Öffentliches) Vertrauen – nichts anderes bedeutet die Existenz eines positiven Marken-Vorurteils. Für den Soziologen Niklas Luhmann ist Vertrauen das maßgebliche Mittel zu Reduktion sozialer Komplexität. Luhmann führte dies wie folgt aus: „Vertrauen ist überzogene Information, beruht also darauf, dass der Vertrauende sich in gewissen Grundzügen schon auskennt, schon informiert ist, wenn auch nicht dicht genug, nicht vollständig, nicht zuverlässig." (Luhmann 2000, S. 40)

Der Wirtschaftswissenschaftler Carl Christian von Weizsäcker erklärt, dass „Vertrauen ein sozialer Mechanismus zur Herabsetzung von Transaktionskosten" ist (Weizsäcker 1990, S. 46). Zwei Aussagen, die eines verdeutlichen: Ohne Vertrauen keine effizient funktionierenden sozialen Systeme. Ob der Zweck die globale Gewinnmaximierung des Unternehmens, der Stopp des globalen Klimawandels ist oder die christliche Botschaft von Angenommensein und Nächstenliebe – auch im Zeitalter der blitzschnellen elektronischen Kommunikation zwischen Tokio und Rotterdam können Gruppen von Menschen miteinander nur arbeiten und erfolgreich Ziele erreichen, wenn ein Minimum an gegenseitigem Vertrauen gewährleistet ist. Je stärker das Vertrauensverhältnis in die Leistung, umso stärker die Marke. Strukturell entscheidend dabei ist: Vertrauen kann man nicht befehlen oder erzwingen. Gerade dann, wenn ein uns Unbekannter vehement um Vertrauen bittet, dann spüren wir, dass irgendetwas nicht stimmt. Vertrauen steht immer am Ende einer erfahrungsbasierten Kausalkette.

> **Grundsatz 5**
> Marke lebt von Gewohnheit.

Was einmal sehr gut gefallen hat, weckt in uns die Neigung, diese schöne Erfahrung zu wiederholen. Das mag nicht für alle Bereiche unseres Lebens gelten, es gilt eventuell auch nicht für alle Menschen auf der Welt (je jünger, desto weniger). Positive Vorurteile bedeuten, dass wir die Entscheidungshoheit an einem Punkt abgeben dürfen, weil wir vorvertrauen, und damit besteht die Möglichkeit, dass Gewohnheit in einen Lebensbereich einzieht, im Optimalfall sich ein Ritual etabliert. Ein Ritual, das für uns persönlich Entspannung, da Sicherheit bedeutet. Die Sozioökonom Timm Homann formuliert deshalb: „Die Masse ist keineswegs ‚phlegmatisch' wie gern im Tagesgeschäft impliziert wird, sie ist lediglich träge und schwerfällig, sie ist gefangen in ihren Gewohnheitsmustern, ihren Vorurteilen, die zur Orientierung verhelfen." (Homann 1999, S. 10)

Marken sind ein bewusst oder unbewusst gelebtes und manchmal geliebtes Stück Alltagskultur und damit ein sozialer Sachverhalt, den das Wort „Gewohnheit" zusammenfasst. Im „Wohnzimmer der Seele" ist es uns wichtig, dass dort alles ordentlich und überschaubar ist, gerade wenn die Welt um uns herum sich ständig neu erfindet.

Eine Marke erfüllt grundlegende Bedürfnisse des Menschen und hilft uns damit, die Komplexität des Alltags zu überstehen. Einige Marken tun dies in einer sehr umfangreichen und umfassenden Art und Weise, Marken, mit denen wir uns auch innerlich befassen, aber die absolute Mehrheit sind einfach nur unachtsam im Vorbeigehen gekaufte Dinge, die wir aber ebenfalls „nur" aus Gewohnheit und guter Erfahrung wiederkaufen.

Die Macht der Gewohnheit wirkt auch in den Kirchen: So gehört ein Besuch der Weihnachtsmesse bei vielen Menschen „einfach dazu". Die Hochzeit findet für viele Menschen weiterhin in einer Kirche oder in einem kirchenähnlichen Umfeld statt. Diese kulturellen Muster mögen als Jugendlicher oder junger Erwachsener „verschüttet" werden, aber es zeigt sich, dass bestimmte Markensysteme „ihre Zeit" haben: Mit zunehmenden Alter und sozialer Stabilisierung treten die gewohnten Akteure wieder in den Alltag ein. Im Gegensatz zu vorherigen Generationen ist dann das Bekenntnis und das Engagement freiwillig und neigungsgetragen – und wenn es nur im Rahmen eines Krippenspiels zu Weihnachten ist.

> **Grundsatz 6**
> Erfolgreiche Unternehmen begreifen Markenentwicklung als einen selbstähnlichen, d. h. lebendigen Prozess, der alle Unternehmensbereiche einbezieht.

Das Grundprinzip stringenter Markenführung lautet „Selbstähnlichkeit". Die wissenschaftliche Markenführung erkennt und nutzt dieses „Betriebsgeheimnis der Natur" für die Durchsetzung und das erfolgreiche Wachstum des Kulturkörpers Marke. Selbstverständlich kann und darf eine Marke sich in ihren Leistungen nicht nur stupide wiederholen, denn dann läuft sie Gefahr zu erstarren und aus der Zeit zu fallen. Eine Marke muss sich kontinuierlich weiterentwickeln und den gesellschaftlichen wie technischen Wandel der Zeit beobachten, um bei Bedarf Anpassungen vornehmen zu können – oder eine Grenze zu ziehen. Dieses Erfolgsgesetz und Grundprinzip nennt sich Selbstähnlichkeit. Es bezeichnet die Fähigkeit eines Systems zur „typischen" Weiterentwicklung der eigenen (Marken-) Gestalt. Es ist definiert über ein – je nach

Marke unterschiedliches – Verhältnis aus Varianz und Wiederholung ihres individuellen Erfolgsmusters.

Ein anschauliches Beispiel für selbstähnliche Strukturen bietet das Informationsblatt der evangelischen Kirchengemeinde auf Hamburg St. Pauli. Diesen Stadtteil kennzeichnet eine lebendige Sozialstruktur mit gestandenen und durchaus auch gefallenen Persönlichkeiten. Selbstverständlich sind auch dort in der Weihnachtszeit Engel die Protagonisten der Kommunikation. Die Engel auf St. Pauli sehen allerdings anders aus (s. Abb. 2.2).

Abb. 2.2 Gemeindeblatt der St. Pauli Kirche. (Mit freundlicher Genehmigung von © St. Pauli Kirche Hamburg 2017. All Rights Reserved)

Selbstähnlichkeit entsteht als ein kreatives Wechselspiel von Varianten, die aber stets ein hohes Maß an Wiederholung beinhalten. Ohne die Varianzen wäre das System nicht lebendig, zudem uninteressant und kurz- wie langfristig nicht überlebensfähig. Gute Markenführung und darauf aufbauend gute Kommunikation schöpfen aus dem ausgeglichenen Verhältnis zwischen Wiederholung und Variation – und besitzen somit einen definierten Rahmen für das Handeln: Nur über eine Variation feststehender Motive und Botschaften wird vermieden, dass sich ein Inhalt abnutzt. Aber warum dann überhaupt immer Wiederholung integrieren? Weil sich uns nichts einprägt, was ausschließlich erstmalig erscheint. Menschen benötigen zum Wissensaufbau Situationen und Erfahrungen, die sich wiederholen, die vorhersehbar bzw. erkennbar und einzuordnen sind. Aus der Kognitionspsychologie ist bekannt, dass Lernprozesse Zeit benötigen – einmalige Ereignisse prägen sich nicht als Wissen ein.

Grundsatz 7
Starke Marken machen nicht immer das gleiche – sie hätten im Licht des technologischen und gesellschaftlichen Fortschritts keine Überlebenschancen. Gleichzeitig passen sie sich auch nicht bis zur Unkenntlichkeit der Konkurrenz oder dem Markt an – das würde sie unkenntlich machen.

Die kommunikative Durchsetzung jeder Marke funktioniert nach einem Ursache-Wirkungs-Prinzip. Es gilt, die konkreten Ursachen der kollektiven Wahrnehmung herauszuarbeiten – sie liegen auf der Leistungsebene. Vor diesem Hintergrund ist Markenentwicklung stets Detailarbeit und in den allerwenigsten Bereichen eine große Kommunikations- oder Werbekampagne. Dabei bedarf es klarer Leitplanken, in denen die Entwicklung von Leistungsinhalten stattfindet. Wenn Menschen im 21. Jahrhundert zu den hohen Feiertagen der Kirche nicht mehr in die Kirche kommen, so ist es durchaus denkbar, in Fußgängerzonen und Einkaufszentren segensreiche Handlungen in einem adäquaten Rahmen vorzunehmen. So engagierte sich das Bistum Essen zu Aschermittwoch in der Essener Fußgängerzone und spendete das Aschekreuz interessierten Passanten – mit großer Resonanz.

Der entscheidende Grund, warum Menschen Sympathie oder auch nur Toleranz für eine Marke entwickeln, ist die Tatsache, dass diese Marke ihnen in irgendeiner Weise hilft, ihren Alltag angenehmer oder besser zu gestalten. Ergo: Die Hilfestellung der Marke ist für die Menschen meist sehr konkret.

Interessante Beispiele hat das Bistum Essen im Zuge seines Projektes „Zukunftsbild" und unter dem Motto „Mit konkreten Projekten die Kirche verändern" seit 2013 in insgesamt 20 Projekten durch hautberufliche und ehrenamtliche Mitarbeiter entwickelt. Einige werden nachfolgend verdeutlicht:

- Projekt „Ashes to go": In der Essener City wird am Aschermittwoch das Aschekreuz in der Fußgängerzone durch einen Seelsorger gespendet.
- Segensfeiern für Neugeborene: Junge Familien werden persönlich angeschrieben bzw. durch Flyer informiert. Babys erhalten einen kirchlichen Segen (siehe auch www.segenfuerbabys.de)
- Feste „Trauteams" unterstützen und begleiten Paare, die kirchlich heiraten möchten: Der Weg zu einer geglückten katholischen Trauung ist nicht immer einfach und konfliktfrei, und manches Paar verzichtet – gefrustet von Formalismus und undurchsichtigen Strukturen der Amtskirche – auf den kirchlichen Segen. Klare Verantwortlichkeiten, die sich an den Bedürfnissen der Menschen orientieren, werden installiert.
- Zentren für Tod und Trauer: Orientierung in schweren Zeiten durch feste Teams und Ansprechpartner, die in der Trauer begleiten.

Eine resonanzstarke Kommunikationsstrategie kennt die Kraft des Faktischen und setzt sie gezielt ein: Aus der Bestandsaufnahme und Dokumentation des Leistungsportfolio einer kirchlichen Organisation entsteht ein Bauplan der Marke. Dabei wird davon ausgegangen, dass die konkreten Leistungen die abstrakten Wahrnehmungen bedingen. Menschen konstruieren also aus konkreten Erfahrungen abstrakte Urteile – nicht umgekehrt. Dieses Kommunikationsprinzip vorausgesetzt, muss im Folgenden das Leistungsportfolio einer Marke dezidiert herausgearbeitet werden. Es definiert zum einen das Erfolgsmuster der Organisation und bildet zum anderen das Material für die kommunikative Verbreitung und kreative Umsetzung.

▶   Menschen konstruieren aus konkreten Erfahrungen abstrakte Urteile.

Wie eine kirchliche Organisation planvoll und langfristig gestärkt wird (Basisschematik)

Wie kann nun eine kirchliche Organisation planvoll und im Sinne einer starken Marke entwickelt werden? Um diese Frage zu beantworten, wird im Folgenden der „Genetische Code – Das Erfolgsprofil der Marke" als Markenmanagement-Methode vorgestellt und an Beispielen verdeutlicht. Die anschließende Darstellung der Analyse-Organisation erlaubt die Anwendung im eigenen Umfeld.

Wie gelingt es, eine Marke zu analysieren und ihre Durchsetzungskraft zu aktivieren? Wie erarbeitet man den genetischen Code der kirchlichen Organisation? In Kap. 2 wurde behauptet, dass es bei einer resonanzstarken Markenkräftigung darum geht, die Entwicklungen im Rahmen definierter Leitplanken vorzunehmen. Eben diese Leitplanken definiert der Genetische Code der Marke. Das nachfolgend beschriebene Instrument ist in seiner Anwendung sehr komplex, daher kann hier nur die Systematik verdeutlicht werden (für eine detaillierte Analyse siehe Errichiello und Zschiesche 2017).

Die Spezifik einer Marke, in diesem Fall einer kirchlichen Organisation, ist immer nur aus sich selbst heraus, aus ihrer individuellen Geschichte ableitbar. Spezifik ist dabei kein Selbstzweck im Rahmen der klassischen betriebswirtschaftlichen Verdeutlichung eines USPs (Unique Selling Proposition) als losgelöster Kommunikationsinhalt, sondern der eigentliche Grund, warum Menschen etwas wählen, und beruht immer auf konkreten Leistungserfahrungen. Wenn Marke ein positives Vorurteil ist, das durch die tagtägliche Einlösung erwarteter Leistungen entsteht, dann kann nur eine substanzielle Aussage über die Kernwerte der Marke getroffen werden, sofern die Ursachen für dieses Bild deziert vorliegen.

In Gegensatz zu Maschinen oder Software-Programmen sind Marken allerdings „lebende Systeme", die sich von „nicht-lebenden Systemen" dadurch

O. Errichiello und A. Zschiesche, *Die Kirche als Marke stark machen*, essentials, https://doi.org/10.1007/978-3-658-28997-3_3

unterscheiden, dass sie weder jedes Detail auf Basis feststehender Konstruktionspläne nachzubilden versuchen, noch ihre präzise Gestalt verändern. In „nicht lebenden-Systemen" herrscht ein hoher Grad an Ordnung, der klar kalkulierbare Ergebnisse einfordert – und auswirft. Die Analyse der Strukturen „lebender Systeme" ist im Kontrast dazu um einiges schwieriger und komplexer, schließlich lassen sich die Strukturen nicht – wie beispielsweise bei einem Maschinenbauplan – eindeutig ablesen. So kann ein Ingenieur bei guter Arbeit genau bestimmen, wie eine technische Apparatur konzipiert werden muss, um ein klar definiertes Ergebnis zu produzieren. Beim „lebenden System" Kirchengemeinde dagegen kann das Ergebnis, „was die Gemeinde ausmacht", nie eindeutig sein, sondern nur tendenziell die täglich erfahrbaren Inhalte beschreiben. Vielmehr sind die Inhalte höchst vielfältig und in ihrer Relevanz individuell bestimmt. Denn es gilt, dass sämtliche Erfahrungen, die ein Mensch unter dem Dach einer Organisation macht, direkte Auswirkungen auf das Bild der Marke in den Köpfen der Menschen haben. Je nach Interessen oder Notwendigkeiten fallen dabei unterschiedliche Leistungsaspekte als „Bewertungsgrundlage" der Marke eher oder weniger ins Gewicht. Umso wichtiger ist es, dass die zahlreichen Leistungen in ihrer Diversität einem einheitlichen Geist entsprechen – ein Zusammenhang, den die Markensoziologie unter dem Stichwort der „Gestaltführung" bzw. Selbstähnlichkeit zusammenfasst (s. Deichsel et al. 2017).

Beschaut man die Entwicklung einer Organisation über die Zeit, so ergeben sich bestimmte Merkmale und Leistungsinhalte, die trotz sich verändernder Rahmen- und Marktbedingungen strukturell gleich geblieben sind und das Gewohnheitsmuster oder „das Typische" bedingen. Diese charakteristischen Merkmale werden in den meisten Fällen als „das passt zu der Marke" von der Öffentlichkeit diffus wahrgenommen. Meist wird ihre orientierende Kraft deutlich, sofern plötzlich bestimmte Merkmal nicht mehr realisiert werden. Denn ihre Nicht-Einlösung führt zu Irritationen oder Unverständnis (z. B. „Smart baut jetzt 4-Sitzer" oder „In der Kirche gibt es jetzt eine Hip-Hop-Nacht").

Jedes lebende System, jede Organisation, regelt ihre Entwicklung (unausgesprochen) mithilfe dieses kulturellen „Genetischen Codes", der sich als Leistungsidee in der Entstehungsphase der Marke bildet und nachfolgend stabilisiert. Auch hier ist die Ähnlichkeit zum lebenden Einzelorganismus augenfällig. Zu Beginn der Entwicklung organischer Lebewesen müssen Erfahrungen gemacht werden, aus denen ein Individuum lernt und Ableitungen vornimmt. Mit zunehmendem Alter konstituiert sich ein festes Charakterbild, das auf Bewährtem und Erlerntem beruht und die Einzigartigkeit bedingt. Neuerungen oder gar revolutionäre Veränderungen werden vermieden, denn sie fallen nicht auf gelernte

Erfahrungen und müssten erst mühsam verankert werden. Das kostet Zeit und Kraft die jeder Organismus (organischer und ideeller Art) reduzieren möchte.

Der innere Aktionscode sichert die Spezifik eines Leistungserbringers und stellt die Unterscheidungsfähigkeit sicher. Im Ergebnis gibt der Code das Koordinatensystem vor, in dem die Marke agieren muss, will sie das positive Vorurteil kollektiv tiefer verankern. Schließlich ist das Vorurteil hinsichtlich einer Leistung immer das Ende eines Prozesses, das durch die selbstähnliche Leistungserbringung (s. Abschn. 2.2) über die Zeit geprägt ist.

3.1 Hintergründe des Instruments

Nur durch eine genaue und zeitlich weit zurückreichende Beobachtung lassen sich diese Erfolg gebenden Strukturmuster innerhalb einer Organisation erkennen. Mithilfe einer Langzeitbeobachtung werden wiederholende Interaktionen zwischen Marke und Mensch, aber auch der einzelnen Menschen untereinander erkennbar. Denn jede Organisation wiederholt – über die Zeit betrachtet – nur die Aspekte, die auf Resonanz stoßen. Der Wachstumswille ist jedem lebenden System immanent. Kein System kann es sich leisten, Handlungen zu vollziehen, die keine soziale Ausbreitung evoziert.

Das Problem mit den gängigen Markendefinitionen

Verbreitete (kirchliche) Markendefinitionen (auch als „Gesichter der Kirche" verankert) wurden und werden meist von den Bistümern oder im Rahmen Pastoraler Räume erarbeitet. Dieser Prozess ist richtig und konsequent im Sinne der Stärkung der Marke Kirche vor Ort. Der hohe zeitliche und personelle Aufwand verlangt großen Respekt und setzt ohne Zweifel bereits bei der Erstellung große Kräfte und eine noch größere Motivation durch die Einbindung zahlreicher Aktiver frei. Gerade weil es um die Einbindung der eigentlichen Botschafter der „Marke Kirche" geht, ist dieses Vorgehen nicht nur psychologisch richtig, sondern vor allem auch logisch im Sinne der konkreten Verankerung und der Relevanz der wahrnehmbaren Arbeit vor Ort.

Neben aller Euphorie kennzeichnet die üblichen Markendefinition übergreifend ein strukturelles Manko: Sie sind überaus abstrakt. Gerade weil es bei der Erarbeitung des Selbstverständnisses um ein hochkomplexes und verästeltes Leistungssystem geht, stehen im Ergebnis stets Definitionen, die übergreifend und abstrakt sein müssen. Schließlich gilt es, alle Beiträge, Ansichten und Vorstellungen zu berücksichtigen – gerade dann, wenn die Ansichten, Erfahrungen

und Wünsche möglichst vieler Beteiligter in den Analyseprozess (verständlicher-
weise) integriert werden sollen. Es herrscht ein demokratisches Partizipations-
prinzip bei der Markenstärkung.

Deshalb wirken die Markendefinitionen, die in den vergangenen Jahren von
den Bistümern, Pastoralen Räumen und Pfarreien erstellt worden sind, sehr oft
ähnlich.

Typische „Markendefinitionen" sind:

- traditionsbewusst
- innovativ
- sozial
- interkulturell
- musikalisch
- quartiersnah
- demokratisch

Richtig ist, dass diese Definitionen eine Annäherung an das Wesen einer Kirche
sein können und durchaus eine Verdeutlichung des Leistungsmusters erreichen.
Sie sind ein erster Schritt in Richtung „Steuerbarkeit" der Marke. Problema-
tisch ist allerdings, dass diese Definitionen „interpretationsoffen" sind. Offen-
heit ist allerdings das Gegenteil von Spezifik, die die Grundlage dafür ist, dass
sich Gewohnheitsmuster bilden können. Spezifik ist kein Wert an sich. Spezifik
wird nun dann überzeugungsrelevant, sobald sie positive Vorurteile begründet und
vertieft.

Der Mehrzahl theoretischer Methoden zur Ermittlung unternehmensspezi-
fischer Erfolgsmerkmale gelingt es zwar, Hinweise über isolierte Wirkzusammen-
hänge der Organisationsgestalt zu beschreiben, sie besitzen jedoch generell keine
Methodik, um gesicherte Rückschlüsse auf deren Ursachen zuzulassen.

Der Alltag dagegen wird nahezu ausschließlich von Spezifik durchzogen. So
funktioniert Kommunikation in der Regel ausschließlich konkret: Wir sprechen
miteinander nicht von einem „innovativen Pfarrer", sondern von einem Gottesdienst, der mit moderner Musik oder einer an aktuellen Gegebenheiten orientierten Thematik gestaltet wurde. Innovativ könnte es sein, eine Segnung in der
Öffentlichkeit durchzuführen. Auch spräche man – außerhalb des Protokolls einer
Lenkungsgruppe – wahrscheinlich nicht von einer „quartiernahen Kommunikation", sondern von der Tatsache, dass das Pfarrbüro auch einmal die Woche am
frühen Abend geöffnet hat.

Daher ist das psychologisch verständliche demokratische Prinzip bei der
Markenführung für die Verankerung und Durchsetzung von positiven Vorurteilen

kontraproduktiv. Bei Marken handelt es sich – strukturell betrachtet – um autoritäre Systeme. Sie entfalten Anziehungskraft, weil sie einer festgelegten und eindeutigen Struktur folgen. Das mag auf den ersten Blick befremden, aber Marke ist Marke weil sie ein autoritäres Zeichensystem ist: Vor dem Hintergrund einer lebensbejahenden Botschaft!

> ▶ Marken sind keine demokratischen Systeme. Sie können nur dann Orientierung bieten, wenn ihre Signale klar und eindeutig sind.

Der Rückgriff auf abstrakte Marken- bzw. Imagedefinitionen („Die Gemeinde ist tolerant, zugänglich und sozial") erlaubt lediglich die Erarbeitung einer grundsätzlichen Gedankenrichtung, die aber – gerade weil es sich bei einer Kirche um eine vielschichtige Organisation handelt – von jedem Akteur individuell interpretiert werden kann: Was „traditionsbewusst" ist, wird bei 100 involvierten Menschen 100 verschiedene Vorstellungen hervorrufen. Wenn allerdings 100 unterschiedliche Lösungen entstehen, dann ist das Gesamtbild heterogen und schafft keine kollektiven Bilder in den Köpfen der Menschen. Das wäre das Gegenteil einer Marke. Marke ist kein Selbstzweck, sondern ein Mittel, um die Überzeugungsaufwendungen zu reduzieren, indem eindeutige Orientierungsmuster sichtbar werden.

Hinzu kommt ein strukturelles Problem: Imagedefinitionen einer Marke erfassen Bereiche, die außerhalb des Zugriffs des Unternehmens liegen. Denn Images beschreiben lediglich die Wirkungen von Handlungen einer Marke über die Zeit und eben nicht die Ursachen für deren Entwicklung. Insoweit aber die Ursachen für diese Images nicht vorliegen, verfügt die Leistung nicht über die entscheidenden Stellschrauben, um eben die gewünschten Vorstellungen/Images gezielt zu instrumentieren.

3.2 Markenmanagement ist Ursachenmanagement

Eine Marke ist durch spezifische Leistungen und Eigenarten gekennzeichnet, die zusammengenommen einen spezifischen System-Code bilden. Dieser Genetische Code, das „Erfolgsprofil der Marke", lenkt die Evolution einer Organisation. Der Genetische Code entschlüsselt die Zusammenhänge des Markensystems. Er erfasst die historischen und aktuellen Handlungen. So werden die Leistungen (Ursachen) und die Markenenergie in der Öffentlichkeit (Wirkung) in einen Zusammenhang gebracht. Diese Leistungsstruktur wird in Beziehung zu ihrer Wirkung bei den Menschen gestellt und macht so die Erfolgsfaktoren (die genetischen Bausteine) einer Marke, zusammen mit ihren Bedingungen, offensichtlich.

Hinter diesen Bausteinen stehen konkrete Organisationsleistungen. Sie sind ursächlich für die Energie einer Marke. Erfolgsbausteine, denen eine Marke ihre Durchsetzungskraft und ihren nachhaltigen wirtschaftlichen Erfolg verdankt, finden sich in sämtlichen Bereichen einer kirchlichen Organisation (z. B. Gottesdienste, Kirchenchor, Soziale Dienste, Kindergarten, Jugendarbeit, Pfadfinder). Diese bündeln die Organisationsleistungen und machen sie wirksam. Die dadurch entstehende Markenenergie ist im Bewusstsein der Öffentlichkeit gespeichert und ist demnach das Ergebnis spezifischer Handlungen. Dies bedeutet, das alle Elemente des Markensystems, die dauerhaft und selbstähnlich reproduziert wurden und somit primär für die Wirkung der Marke bei den Kunden und in der Öffentlichkeit sind, dadurch erst gemanagt werden können. Daher sollten Kirche und Marke nicht als getrennte Handlungskreise behandelt werden.

Das Erfolgsprofil der Marke, der Genetische Code, charakterisiert, dass die entscheidenden Erfolgsbausteine der Organisation ermittelt und der Markenführung zugänglich gemacht werden. Dabei ist die Zielsetzung eindeutig: Mit dem Erfolgsprofil soll das Handlungsmuster freigelegt werden, das den Erfolg kirchlicher Aktivitäten vor Ort bedingt hat.

Erfasst werden beim Genetischen Code bzw. Erfolgsprofil der Marke alle sinnlich wahrnehmbaren Elemente und Interaktionen, die im Laufe der Zeit „typisch" geworden sind. Sie sind die Merkmale, welche die kollektive Erinnerung und Bewertung einer Marke beschreiben. Deshalb umfasst die Analyse des Erfolgsprofils alle Bereiche, die für die Öffentlichkeit in direkter oder indirekter Weise erfahrbar werden.

Mit dem Genetischen Code liegt damit ein Instrument vor, mit dem eine Organisation gezielt aufgebaut und konzeptionell verankert und gesteuert werden kann. Dabei ist der vorgegebene Weg kein Wunschkonzert, keine Idealisierung im Sinne eines „so wären wir gerne". Vielmehr befindet sich das Material für das Verständnis und die erfolgreiche Entwicklung einer Marke einzig und allein in der Gemeinde oder dem Sozialträger selbst. Dieses Vorgehen hat Vorteile, denn:

1. Die Markenführung beruht auf nachprüfbaren Fakten.
2. Die Markenführung kann nur die Inhalte in den Fokus rücken, die auch tatsächlich erbracht werden.
3. Interne Diskussionen auf Basis von emotionalen Urteilen entfallen, weil die Bewertung, ob eine Handlung oder eine Werbung „stimmig" ist, sich einzig und allein am Erfolgsprofil bewerten lassen muss.
4. Die Markenführung richtet ihre bestehenden Inhalte situativ und individualisiert an latent Interessierte aus.

Was wird analysiert?

Eine Markenanalyse nimmt das Image als Ausgangspunkt, um die Ursachen für ein Außenbild in den internen Handlungen der Kirchengemeinde zu identifizieren. Dabei ist das Bild einer kirchlichen Gemeinde nicht nur von ihrem eigenen, lokalen Handeln geprägt, sondern zunächst von dem übergreifenden Bild, das sich Menschen von „der Kirche" im Allgemeinen machen. Oft wird dies als Manko erlebt, da viele Menschen große Ressentiments gegenüber der Amtskirche, aber höchsten Respekt für die Arbeit einer Gemeinde oder kirchlichen Institution besitzen. Dies mag für die aktiven vor Ort durchaus zu Unbehagen und Frustration führen, allerdings lässt sich dieser Zusammenhang nicht auflösen.

Entscheidend ist eine umfassendes Verständnis der Wirkungen von Vorurteilen: Es ist deutlich geworden, dass die unbewusste, automatische Kategorisierung von Wahrnehmung eine fundamentale menschliche Eigenschaft ist. Mittels unserer Sinne nehmen wir das Leben als Angebot von Gestaltsystemen wahr: Beim Betreten eines Restaurants erkennen wir sofort, ob es sich um ein teures oder billiges Restaurant handelt. Hier ist der erste Eindruck entscheidend, bei dem die Sinne (sehen, riechen, hören, schmecken, tasten) eine Rolle spielen. Hierbei erfolgt allerdings nicht nur ein Wahrnehmen faktischer Sachverhalte, sondern ein unmittelbares Einordnen. Meist beruht dieses Einordnen auf bekannten, kulturell verankerten Gewohnheitsmustern und Erfahrungswerten. Was „teuer" wirkt, wissen wir, weil wir gelernt haben, wie „teuer" aussieht. Eine Beurteilung verläuft also nicht ausschließlich durch unsere Sinne, sondern auch mithilfe des Gedächtnisses, denn dieses ist mit einem inneren Gestaltbild verknüpft, das erlernt ist und nach Bekanntem, d. h. Anknüpfungsfähigem sucht. Ob gewollt oder nicht: Jede Marke muss damit umgehen, dass ihr automatisch Eigenschaften zugebilligt werden, die zu bestimmten Vorurteilen führen – zu positiven wie negativen.

Es gibt keine Marke, die keine Vorurteile hervorrufen würde. Dabei gilt: Es gibt auch kein Unternehmen und keine Organisation, die ausschließlich positiv oder negativ eingeordnet wird. Selbst vermeintlich positive Eigenschaften mögen von einigen Menschen als nicht förderlich eingestuft werden. Das freie ästhetische Urteil ist nicht zwangsläufig planbar. Und: Die Umpolung von Vorurteilen (positiv wie negativ) hat sich als grundsätzlich herausfordernd erwiesen. Den wenigsten Marken ist es gelungen, ihre negativen Vorurteile in der Öffentlichkeit dauerhaft zu verändern. Wenn überhaupt, gelingt ein strukturelles Verändern von Erwartungsmustern ausschließlich über lange Zeiträume. Die Modifikation von kollektiven Vorurteilen lässt sich dauerhaft nicht über massive Werbung erreichen. Kurzzeitige Aufmerksamkeitseffekte mögen tatsächlich feststellbar sein, aber das tief verankerte „Pseudowissen" hinsichtlich eines Markennamens ist stabiler als allgemein angenommen, denn die individuelle Orientierung in der Welt beruht darauf.

3.3   Übergreifende Resonanzfelder zur „Kirche"

Ohne es zu forcieren, werden in der Öffentlichkeit spezifische Leistungs-komponenten kollektiv als Vorurteile gegenüber einer kirchlichen Organisation aktiviert. Jedes Angebot einer Marke knüpft an kulturell bestehende Vorstellungen an. Diese Vorstellungen sind die sogenannten „Resonanzfelder" einer Marke. Damit handelt es sich um vorhandene, übergreifende Erfahrungswerte, die mitunter über mehrere Jahrhunderte hinweg erzeugt wurden, also tief im Kollektivbewusstsein einer Kultur verankert sind.

Marken mit geschichtlichem Fundus (und es wird in unsrem Kulturkreis keine stärkere geben als die Kirche) verfügen über die wertvolle Eigenschaft, Menschen in spezifische Vorstellungsbahnen zu lenken. Denn Herkunft evoziert Hinkunft bzw. eine in die Zukunft gerichtete Botschaft. Mit Herkünften differenzieren sich Gemeinschaften und sie stehen erfahrungsgeschichtlich für eine spezifische Leistungs- und damit Erfahrungskultur ein. Mit der gezielten Einbindung von Resonanzfeldern lädt sich eine Marke von Beginn an mit bestimmten Vorstellungen auf.

Vor diesem Hintergrund versucht eine versierte Markenführung nicht, die Öffentlichkeit davon zu überzeugen, etwas anderes zu glauben, sondern negative Vorurteile durch das Verstärken von positiven Zuschreibungen zu überstrahlen – gerade bei einer Marke, die so tief im kulturellen Gedächtnis der Menschen verankert ist, wie die Kirche. Überzeugungsstrategisch heißt dies: Stärken stärken.

Ausgehend von diesen Erkenntnissen sollte die Kirche nicht den Versuch unternehmen, „resonanzfeldfrei" zu agieren – der Versuch muss scheitern, denn er setzt sich Gegenkräften aus, die über Generationen hinweg verankert und argumentativ nicht zu entkräften sind: Die Kirche als prädisponierte Institution, als politischer, gesellschaftlicher und kultureller Akteur ist Faktum für jede Gemeinde. Daher gilt es, die bestehenden positiven Zuschreibungen als Überzeugungsinhalte gezielt einzusetzen. Spezifische „institutionelle Kircheneigenschaften" müssen im Hinblick auf ihre Stimmigkeit zum Genetischen Code der Kirchengemeinde untersucht werden – erst dann hat Kommunikation die Chance, bestehende kollektive Resonanzfelder für sich zu nutzen.[1] Das bedeutet konkret, dass die folgenden Fragen beantwortet werden müssen:

---

[1]Die vorliegende Betrachtung arbeitet mit dem übergreifenden Begriff von Kirche. Sicherlich würde eine „evangelische Kirche" an andere Resonanzfelder anknüpfen als eine „katholische Kirche". Eine tiefergreifende Analyse würde dies berücksichtigen.

- Welche positiven „Vorstellungen" stärken die ohnehin vorhandenen Vorstellungen über die Kirchengemeinde/kirchliche Organisation?
- Welche positiven „Vorstellungen" lassen sich auf welche Weise besonders vertrauensvoll kommunizieren?

Für die Markenanalyse einer kirchlichen Gemeinde/Organisation ist es daher sinnvoll, zunächst die positiven Vorstellungen zu erheben, die Menschen ungefiltert assoziieren, sobald sie an „die Kirche" oder beispielsweise an „die Pfadfinder" oder an „das kirchliche Krankenhaus/Altenheim" denken. In der Regel werden sich die Assoziationen auf vier bis fünf Begrifflichkeiten beschränken.

Beispiele

Assoziationen zu „Kirche":

- Hilfe für Schwache
- soziales Engagement
- stimmungsvolle Feste im Jahreskreis

Assoziationen zu „Krankenhäuser":

- mehr Mitmenschlichkeit
- Mensch steht im Vordergrund, nicht der Profit

Bei diesen Beschreibungen handelt es sich um psychologische Assoziationen, d. h. um Images.

In einem zweiten Schritt müssen nunmehr folgende Fragen gestellt werden:

- Welche Handlungen/Leistungen haben in der Vergangenheit bedingt, dass man uns „Hilfe für sozial Schwache" zuspricht?
- Welche Handlungen/Leistungen sorgen dafür, dass man uns heute „soziale Orientierung statt Profitmaximierung" zuspricht?

Diese Fragestellungen gilt es faktisch auf bestimmte Leistungen der Vergangenheit bis heute zurückzuführen. Erst die weitergegebenen oder auch selbst erfahrenen Geschichten und Erlebnisse bedingen das generalisierte Image hinsichtlich einer Marke. Mit diesem Vorgehen wird erreicht, dass (nicht-steuerbare) Wirkungen zu (steuerbare) Ursachen umgewandelt werden.

3.3.1   Beispiel: Image „Hilfe für sozial Schwache"

Dieses Image mag auf folgende konkrete Leistungsmerkmale rückführbar sein (kleiner Ausschnitt):

- Gleichnisse der Bibel
- Jesus als lebendiges Beispiel
- Die 10 Gebote
- Thematisierung im Gottesdienst
- Kirchenkaffee für Obdachlose
- Kleiderkammer
- Unterstützung für „Menschen in Not"

Betrachtet man diese Aussagen genauer, so wird deutlich, dass diese Auflistung auf sehr konkreten Leistungen beruht. Es wird also deutlich, dass das Image eine Wirkung faktisch erbrachter Handlungen und Einstellungen ist.

Image bzw. ein Sinnbild entsteht nicht aus einem Image („Unsere Kirchengemeinde ist sozial engagiert"), sondern vor allem aus dem wahrnehmbaren Handeln („Unsere Kirchengemeinde hat einer Flüchtlingsfamilie eine Wohnung im Pfarrhaus bereitgestellt").

Spezifische positive Vorurteile der kirchlichen Institution vor Ort
Neben diesen übergreifenden Inhalten differenziert sich die kirchliche Organisation vor Ort mit ihren spezifischen Handlungen vom Tag der Gründung bis heute. Deshalb ist der zweite Schritt die Frage: Was fällt Ihnen positiv zur Kirchengemeinde/ zum Krankenhaus/zum Altenheim XY ein? In der Regel lassen sich bei einer ersten Fragerunde bereits zahlreiche „Zuschreibungen" dokumentieren. Eben diese Imageebene bildet die Grundlage für eine vertiefte, d. h. ursachenbasierte Analyse.

3.3.2   Beispiel: Image „Nahbar"

In einem sich wiederholenden zweiten Schritt muss nunmehr folgende Frage (exemplarisch) gestellt werden:

- Was sind die Ursachen dafür, dass eine kirchliche Institution, beispielsweise eine Kirchengemeinde, als „nahbar" wahrgenommen wird?

Dieses Image ist rückführbar auf folgende konkrete Leistungsmerkmale:

- Die Tür der Kirche steht (fast) immer offen.
- Es gibt einen „verankerten" Geistlichen, der für die Gemeinde steht, und ein ebenfalls persönlich bekanntes Team von Ehrenamtlichen.
- Spezielle Gottesdienste für Kinder, Ältere, Jugendliche werden angeboten.

Die Erarbeitung eben dieser Leistungsmerkmale sollte sämtliche Bereiche umfassen, die unter dem Namen der Organisation für die Öffentlichkeit wahrnehmbar sind. Deshalb macht es Sinn, viele unterschiedliche Beteiligte und Funktionsträger (auch nicht Aktive) in den Rechercheprozess miteinzubeziehen. Entscheidend ist: Diffuse Zuschreibungen und Wahrnehmungen werden auf konkrete Leistungen zurückgeführt, die aktuell angeboten werden, aber auch in der Vergangenheit erbracht worden sind.

3.4 Instrumentierung und Erarbeitung des Erfolgsprofils/Genetischen Codes

Ausgehend von den generellen Zuschreibungen zur Kirche und den jeweilig individuellen entsteht in der Regel eine umfassende Sammlung von sehr konkreten Handlungen, die nunmehr zu sog. Erfolgsbausteinen verdichtet werden müssen. Die Aufgabe liegt in der Gruppierung bzw. Verdichtung der einzelnen Leistungen zu eben diesen „Leistungsbündeln" oder Erfolgsbausteinen. Entscheidend ist: Erfolgsbausteine werden durch konkrete tagesgeschäftliche Leistungen, sogenannte Komponenten gebildet. Diese individuellen Erfolgsbausteine (in der Regel ca. acht bis zwölf) sind das Fundament der Durchsetzungskraft und des wirtschaftlichen Erfolgs der Marke im Markt.

Ein Erfolgsbaustein weist folgende Merkmale auf
- Der Erfolgsbaustein ist seit langer Zeit essenzieller Bestandteil der Markenpräsenz.
- Der Erfolgsbaustein trägt zur Wiedererkennung maßgeblich bei.
- Der Erfolgsbaustein löst hohe Resonanz in der Öffentlichkeit und darüber hinaus aus.

- Die Wirkungen des Erfolgsbausteins sind für die Öffentlichkeit direkt erfahrbar.
- Der Erfolgsbaustein ist Teil des kollektiven Gedächtnisses und wird als Besonderheit zurückgespielt.
- Der Erfolgsbaustein hat für die Außenwirkung (Werbung/PR) eine herausragende Position und wird überdurchschnittlich stark erinnert.

Bei der Entschlüsselung eines Genetischen Codes am Beispiel einer (fiktiven) Kirchengemeinde ergäbe sich bezogen auf das oben aufgeführte Merkmal Nahbarkeit folgendes Bild:

Beispiel
- Image: Nahbar
- Erfolgsbaustein: Die Kirche ist für unterschiedliche Menschen zugänglich.
- Komponenten/Leistungen:
  a. Die Tür der Kirche steht (fast) immer offen.
  b. Das Pfarrbüro hat einem Tag am Abend geöffnet.
  c. Gottesdienst für Kinder, Ältere, Jugendliche etc. werden angeboten.
  d. Unterschiedliche Gruppen werden angesprochen.
  e. Aktionen in der örtlichen Fußgängerzone finden statt.
  f. Es gibt Drei-Königs-Aussendungen in den Stadtteil.
  g. Etc.

Die Erfahrung zeigt, dass Marken in der Regel durch acht bis zwölf Erfolgsbausteine charakterisiert werden. Diese Erfolgsbausteine sind als „Handlungsanweisungen" zu verstehen und haben die Aufgabe, der Entwicklung der Organisation eine Orientierung zu geben. Sämtliche Neuerungen und kreative Ideen müssen sich daran messen lassen, ob sie im Sinne des definierten Erfolgsbausteins agieren.

Entscheidend ist die normative Differenzierung von Erfolgsbaustein und Komponenten: Die Erfolgsbausteine einer Marke sind gesetzt. Ihre Veränderung oder Löschung hat große Auswirkung auf die Wahrnehmung der Marke und führt zu Irritationen in der Öffentlichkeit. Komponenten sind jedoch zeitabhängig: Ihre individuelle Interpretation muss den Gegebenheiten und Erfordernissen der Zeit entsprechen und bedarf der ständigen Überprüfung und Neujustierung.

Strukturell ist der Genetische Code – das Erfolgsprofil der Marke – wie ein Bauplan einsetzbar, denn die klare Vorgabe, wie ein Erfolgsbaustein zu verwenden ist, kann als tagesgeschäftliche Kreativaufgabe in der Kirche selbst verankert werden. Ein Erfolgsbaustein kann nunmehr auf die einzelnen Bereiche, Abteilungen und sogar Arbeitsplätze angewendet werden.

3.5 Organisation/Durchführung

Neben analytischen Fragen einer Markenanalyse sind auch die psychologischen Befindlichkeiten der Beteiligten zu berücksichtigen, denn in einem von starkem ehrenamtlichen Engagement geprägten Organisationsfeld ist gerade intuitives Know-how relevant. Sofern am Ende eines Analyseprozesses verbindliche Strukturen für jeden einzelnen Aktiven definiert werden, ist es entscheidend, eben auch möglichst viele dieser Menschen an dem Prozess der Erarbeitung zu beteiligen und um ihr Wissen zu bitten. Dies hat zwei Vorteile:

– Zum einen beschäftigt man sich mit den umfassenden, konkreten Leistungsinhalten der Marke, also den Fakten, die für die Öffentlichkeit erfahrbar sind.
– Zum anderen integriert man möglichst die gesamte Gemeinschaft in die Analyse.

Dieses Vorgehen verhindert, dass die Ergebnisse als „aufgedrückt" begriffen werden und hilft bei der Akzeptanz und Durchsetzung der abgeleiteten Schritte. Um diese Prämisse zu erfüllen, hat sich der folgende dreiteilige organisatorische Aufbau bewährt:

3.5.1 Gruppenanalytisches Interview

In einer eintägigen Gruppenklausur treffen Verantwortliche bzw. wichtige (und langjährige) Leistungsträger zusammen. In einer moderierten Diskussion werden die einzelnen Bereiche hinsichtlich ihrer Leistungsgeschichte und inhaltlichen Entwicklung sowie ihren Besonderheiten dezidiert befragt. Einige Zeit zuvor ist den Teilnehmern ein detaillierter Fragebogen zugegangen mit der Bitte, die entscheidenden Wegmarken und Arbeitsprozesse der Bereiche zu beschreiben. Kurze Präsentationen können die Themenbereiche einleiten. Die erhaltenen Informationen werden dokumentiert.

3.5.2 Einzelinterviews

Auf Basis der zuvor erhaltenen Informationen im Gruppeninterview werden einzelne Teilnehmer nochmals in individuellen Interviews befragt. Aussagen werden vertieft besprochen. Die Ergebnisse werden dokumentiert.

Die Strukturierung anhand von fünf *Aktionsfeldern* erlaubt einen ersten Zugriff, um eine Marke in ihrer Gesamtheit in einem Gruppen- und Einzelinterview erfassbar zu machen. Folgende fünf Dimensionen bilden in der Regel die Leistungen einer Marke ab:

1. Die geistigen Angebote
2. Die Angebote für den Lebensalltag
3. Der Ort
4. Die Akteure/Verantwortliche
5. Die Kommunikation

Handlungsfeld Leistungsangebot (1 und 2)

In Bezug auf das *Handlungsfeld Leistungsangebot* (geistig/im Alltag) ergeben sich folgende generelle Fragen innerhalb der Analyse:

– Was war die Gründungsidee der Kirche vor Ort?
– Wer sollte angesprochen werden?
– Gab es besondere/einzigartige Gottesdienste/Gruppen?
– Auf welche Resonanz stießen die Angebote zunächst? Warum?
– Welche Angebote konnten sich innerhalb der Geschichte der Gemeinde nicht durchsetzen?
– Waren besondere Persönlichkeiten beteiligt?
– Gab es besondere Feste und Zusammenkünfte?
– Wurden Fahrten organisiert?

Handlungsfeld Ort (3)

In Bezug auf das *Handlungsfeld Ort* ergeben sich folgende Inhalte für den Fragenkatalog der Analyse:

– Welche sozialen Milieus hat die Gemeinde früher/heute angesprochen?
– Gibt es besondere Orte/Details, die für viele Besucher eine herausragende Bedeutung haben?

Handlungsfeld Akteure (4)

In Bezug auf das *Handlungsfeld Akteure/Verantwortliche* ergeben sich folgende Inhalte für den Fragekatalog der Analyse:

– Liegen Informationen zur Biografie und zu den beruflichen Erfahrungen der Aktiven vor?
– Welche Formen der Gemeinschaftsbildung herrschen vor?
– Wie werden die alten Mitglieder eingebunden?
– Wie gestaltet sich die Ansprache von Neumitgliedern?

Handlungsfeld Kommunikation (5)

In Bezug auf das *Handlungsfeld Kommunikation* ergeben sich folgende Fragen im Rahmen der Analyse:

– Wie sahen die ersten Kommunikations- und Informationsformen aus? (Dabei können auch Briefe/Prospekte untersucht werden, die nicht in den Bereich der klassischen Werbung fallen, aber erste Argumente/Ideen auflisten.)
– Wie ist der Stil der Kommunikation? (Entwicklung im Zeitverlauf: Gestaltung, Sprache, Argumente, Farbe, Motive usw.)
– Welche Informationsträger werden in welchem Maße eingesetzt?
– An wen richtet sich die Kommunikation (historisch und aktuell)?
– Gibt es herausragende Motive, Slogans oder Veranstaltungen?
– Gibt es Vorkommnisse/Leistungen, die für besondere Aufmerksamkeit gesorgt haben?

3.5.3 Analysephase und Faktencheck

Desktop-Research: Überlassene Unterlagen (u. a. Kirchenblätter, Chroniken, Websites) werden ausgewertet und in Verbindung mit den Aussagen der Gruppen- und Einzelinterviews gebracht. Auf Basis des vorliegenden Informationsmaterials werden wiederkehrende Muster und „typische" Strukturen innerhalb der Marke gewonnen. Im Ergebnis steht der Genetische Code mit seinen Erfolgsbausteinen und Leistungskomponenten.

Die erarbeiteten Erfolgsbausteine der Marke sowie die sie konstituierenden Komponenten/Leistungen werden vor der Präsentation auf ihre faktische Richtigkeit überprüft.

3.6   Anwendungsbeispiel

Am Beispiel der Entwicklung des Erfolgsbausteins „Die Kirche ist für unterschiedliche Menschen zugänglich" und der diesen Baustein konstituierenden Komponenten/Leistungen …

- Die Tür der Kirche steht (fast) immer offen.
- Das Pfarrbüro hat einem Tag am Abend geöffnet.
- Gottesdienst für Kinder, Ältere, Jugendliche etc.
- Unterschiedliche Gruppen
- Gottesdienste für junge Menschen etc.
- Aktionen in der örtlichen Fußgängerzone
- Die Drei-Königs-Aussendungen in den Stadtteil
- Etc.

kann die kreative Arbeit innerhalb der Gemeinde beginnen. Nunmehr kann intensiv darüber nachgedacht werden, welche Leistungen wie ausgebaut oder verändert werden müssen, um den Grundsatz der „Zugänglichkeit" weiter spürbar zu machen. Die Kernfrage lautet: Was müssen wir in den einzelnen Bereichen installieren, damit unsere Kirche noch zugänglicher wird?

In allen Aktionsfeldern können Verantwortliche Vorschläge unterbreiten, um diese Eigenschaft noch präsenter zu machen. Wenn in einem Markenprojekt auf Basis der Erfolgsprofils in der Regel acht bis zwölf Erfolgsbausteine definiert werden, so ergeben sich zahlreiche „Aktionsfelder" und „Baustellen" in denen die Verantwortlichen – dann äußerst demokratisch – ihre Vorschläge machen und Ideen entwickeln können. Entscheidend dabei ist, dass diese Ideen den Aussagetenor des Erfolgsbausteins treffen und treu bleiben. Der autoritär formulierte Erfolgsbaustein gibt die Struktur für die selbstähnliche Weiterentwicklung vor. Nicht aufgrund eines Selbstzweckes, sondern erst dann hat das vorliegende Instrument den „Leitplankencharakter" realisiert.

Vertrauen als Überzeugungsstrategie $\quad$ 4

Auch wenn allenthalben eine zunehmende Emotionalisierung der Werbung vorangetrieben wird, so ist weiterhin die persönliche und konkrete Erfahrung der entscheidende Überzeugungshebel. Die Aufgabe einer Kirchengemeinde und kirchlichen Organisation ist es, diese Inhalte pointiert aufzugreifen und resonanzstark zu kommunizieren. Dabei sind in den vergangenen Jahren beispielhafte Umsetzungen entstanden.

In Zeiten der Digitalisierung wird die Wirksamkeit von professioneller Werbung maßlos überschätzt. Werbung wird nicht vertraut – sie ist schlichtweg einfach „nur noch Werbung". Was folgt daraus? Eine langfristig orientierte Überzeugungskommunikation für die Kirchen oder kirchliche Organisationen muss nicht vornehmlich an Bildern, Logos oder Internetseiten ansetzen, sondern die Leistungsfelder der Kirchen stärken. Im Gegenteil: In einer hochprofessionellen Werbewelt kann ein „Anders" sogar eher noch stärker auffallen und die Kernwerte der Kirche – sehr konkret – deutlich machen: Die Fokussierung auf die wirklichen, auf die entscheidenden Werte. Diese Überzeugungsstrategie setzt auf die stärkste Botschaft überhaupt: Die guten Erfahrungen der Menschen, die mit einer Kirche in Kontakt kommen. Die Aufgabe einer resonanzstarken Kommunikation ist es, eben diese faktischen Leistungsbeweise – durchaus kreativ – in Szene zu setzen. Dabei geht es um die Verdeutlichung eines Ist-Zustandes und nicht um die Schaffung von Werbeinseln, die mit der Realität nichts oder nur kaum etwas gemein haben. Ein gutes Beispiel für die Verdeutlichung von Leistungen hat das Bistum Münster im Rahmen seiner Markenentwicklungsstrategie aus dem Jahr 2016 geschaffen (s. Abb. 4.1, 4.2 und 4.3).

Es mag sein, dass diese guten Beispiele nur einen Bruchteil der Energien freisetzen, die die Arbeit vor Ort – in den Gemeinden – erreichen. Hier ist Kirche im

O. Errichiello und A. Zschiesche, *Die Kirche als Marke stark machen*, essentials, https://doi.org/10.1007/978-3-658-28997-3_4

Abb. 4.1 Werbemotiv 1 „Bistum Münster". (Mit freundlicher Genehmigung von © Bistum Münster 2019. All Rights Reserved)

Abb. 4.2 Werbemotiv 2 „Bistum Münster". (Mit freundlicher Genehmigung von © Bistum Münster 2019. All Rights Reserved)

Abb. 4.3 Werbemotiv 3 „Bistum Münster". (Mit freundlicher Genehmigung von © Bistum Münster 2019. All Rights Reserved)

positiven Fall ein Ermöglicher einer achtsamen und sensiblen Erfahrung, die den Menschen in das Zentrum der Aktivitäten stellt. Für Kirchen und ihre Verankerung in der Öffentlichkeit sind nicht technische Hilfsmittel oder Kanäle entscheidend, sondern exemplarische Erfahrungen. Diese Aussichten sind herausfordernd, aber eigentlich eher beruhigend. Denn gerade dann, wenn unendliche Möglichkeiten eine Realität sind und die Freiheit der alltäglichen Wahl zum Chaos wird, ist das Beständige und Orientierende der Marke Kirche der entscheidende kollektive Anker. Oder anders formuliert: Freiheit entsteht nicht durch das Sprengen, sondern durch das Ausfüllen von Grenzen.

Es sollte deutlich geworden sein, dass sich die Kirchen bewusste Schwerpunkte setzen müssen. Dazu gehört die Herausarbeitung der eigenen Stärken, die Adaptation dieser charakteristischen Stärken auf milieufremde Zielgruppen und die Toleranz neuer Glaubensformen und des Dienstes im Sinne der Caritas und das Zulassen des Fragmentarischen. Nicht alles muss immer perfekt sein.

Sicher ist die Vorstellung einer allumfassenden Erreichbarkeit der Kirchen in Zeiten des hochfragmentierten und komplexen Alltages illusorisch, aber an den entscheidenden Wegmarken des Lebens muss die Kirche in ihrer Besonderheit über Aktionen klar agieren und eine unerwartete Präsenz zeigen. Den Kasualien, d. h. den geistigen Handlungen im Lebenszyklus (Taufe, Kommunion, Hochzeit etc.) wird eine weiter zunehmende Rolle als „Eingangstore" in die Gemeinen zukommen. Hier müssen neue Formen der Zugänglichkeit geschaffen werden, die aber die gelernten und erwarteten Inhalte nicht zur Disposition stellen. Denn die Kirche muss bei den Menschen sein, ohne aber ihre Herkunft und Prinzipien zu verleugnen. Marke bedeutet immer Bekenntnis. Dieses Bekenntnis zieht Menschen an und stößt andere wiederum ab. Diese Grundlegung ist für eine Marke essenziell:

▶ Marke muss, will sie wahrgenommen werden, klare Grenzen einhalten – für etwas stehen und den Mut haben, auch „Nein" zu sagen. Anziehungskraft entsteht immer aus einer Haltung.

Mit Spinoza formuliert: Omnis determinatio est negatio – Jede Bestimmung ist auch immer Ausschluss. Menschen haben den Impuls, sich um eine Leistungsidee zu gruppieren, weil dieses Etwas etwas Besonderes ist. Ein besonderer Wein, eine besondere Technik, eine besondere Erfindung, ein besonders schöner Strand oder eben eine Kirchengemeinde zieht an – oder stößt ab. Entscheidend ist, dass das Besondere seine Gestalt wahrt und dadurch in der Unübersichtlichkeit des Lebens als klares Signal erkennbar wird – also Grenze erzeugt. Kurzum:

⯈   Grenzen erzeugen nicht nur Trennung, sondern sie ziehen auch an –
      gerade in einer Welt, die immer unübersichtlicher wird.

Die Aufgabe der Kirche bleibt allerdings anspruchsvoll, denn sie muss Orientierungen geben, die heute „wahr" sind. Der Essener Generalvikar Klaus Pfeffer formuliert:

> „Ein ‚wirklich geerdeter Glaube' zeichnet sich also durch eine zweifache Tiefe aus:
> Durch die Verankerung in der christlichen Botschaft und durch die differenzierte
> und damit intensive Wahrnehmung der irdischen Wirklichkeit. Etwas salopp formu-
> liert: Ein Christ steht mit beiden Beinen fest auf dem Boden dieser Erde, und ist in
> Herz und Seele zugleich mit dem Himmel zutiefst verbunden. So hat er die Chance,
> eine Ahnung davon zu bekommen, welche Botschaft Gottes in der jeweiligen Zeit
> und Situation verborgen ist – und zu welchem Handeln Christen herausgefordert
> sind." (Pfeffer 2017, S. 32–33)

Was Sie aus diesem *essential* mitnehmen können

- Dass auch die Kirche eine Marke ist.
- Dass die Überzeugungskraft der „Marke Kirche" nicht auf genialen Einfällen beruht.
- Dass Marke in erster Linie ein soziologisches und kein ökonomischer Sachverhalt ist.
- Dass Marken planvoll entwickelt werden können.
- Dass Aufmerksamkeit nichts mit Markenstärkung zu tun hat.
- Dass die Marke Kirche nur mit konkreten und dauerhaft verankerten Leistungsangeboten überzeugen kann.

© Der/die Herausgeber bzw. der/die Autor(en), exklusiv lizenziert durch
Springer Fachmedien Wiesbaden GmbH, ein Teil von Springer Nature 2020
O. Errichiello und A. Zschiesche, *Die Kirche als Marke stark machen,* essentials,
https://doi.org/10.1007/978-3-658-28997-3

Literatur

Abend L (2018) A Church Remembers Avicii, With Hits Instead of Hymns. The New York Times, Nov. 19, 2018. https://www.nytimes.com/2018/11/19/arts/music/avicii-mass-church-stockholm.html. Zugegriffen: 12. Nov. 2019

Bader N (2019) Kirchen haben eine Seele. In: Immobilienzeitung 34/2019. https://www.immobilien-zeitung.de/152599/kirchen-haben-seele. Zugegriffen: 8. Nov. 2019

Bergler R (1976) Vorurteile – erkennen, verstehen, korrigieren. Deutscher Instituts Verlag, Köln

Bingener R (2019) Halbierung bis 2060: Studie sieht dramatischen Mitgliederverlust in beiden Kirchen. https://www.faz.net/aktuell/politik/inland/kirchen-verlieren-laut-studie-bis-2060-haelfte-der-mitglieder-16166955.html. Zugegriffen: 12. Nov. 2019

Deichsel A, Errichiello O, Zschiesche A (2017) Grundlagen der Markensoziologie. Springer Gabler, Wiesbaden

EKD (2019) Kirche im Umbruch: Zwischen demografischem Wandel und nachlassender Kirchenverbundenheit. https://www.nordkirche.de/fileadmin/user_upload/Projektion/Sperrfrist_02052019_Kirche_im_Umbruch_Webdatei.pdf. Zugegriffen: 8. Nov. 2019

Errichiello O, Zschiesche A (2017) Grüne Markenführung. Springer Gabler, Wiesbaden

Halfar B, Borger A (2007) Kirchenmanagement. Nomos, Baden-Baden

Homann T (1999) Die Marke als Instanz der strategischen Unternehmensführung. Ein Beitrag zur markentechnischen Führungslehre. Dissertation, Universität Hamburg

Luhmann N (2000) Vertrauen. Ein Mechanismus der Reduktion sozialer Komplexität. Stuttgart, UTB-Verlag

Pfeffer K (2017) Christ sein ist keine einfache Angelegenheit. Verlag adson fecit, Essen

Reckwitz A (2018) Die Gesellschaft der Singularitäten. Suhrkamp Verlag, Berlin

Siefer G (1974) Theologische Quartalsschrift: das Problem der Volkskirche in soziologischer Sicht. 1. Heft . München, LIT

Siefer G (2012) Strukturen des Bösen – böse Strukturen. Redensart oder Realität. In: Siefer G (Hrsg) Splitter. LIT, Berlin

Tönnies F (1991) Gemeinschaft und Gesellschaft. Grundbegriffe der Reinen Soziologie. Wissenschaftliche Buchgesellschaft, Darmstadt

von Weizsäcker CC (1990) Ordnung und Chaos in der Wirtschaft. In: Gerok W et al (Hrsg) Chaos und Ordnung in der belebten Natur. Wissenschaftliche Verlagsgesellschaft, Freiburg

Waßner R (2006) Die Kernspaltung des Einen Gottes. In: Evangelische Aspekte. Ausgabe 2 vom 15.05.2006

Zeit online (2017) Christentum: Kirchen in Deutschland verlieren Hunderttausende Mitglieder. https://www.zeit.de/gesellschaft/zeitgeschehen/2017-07/kirche-austritt-christentum-katholisch-evangelisch. Zugegriffen: 12. Nov. 2019

Zschiesche A, Errichiello O (2009) Erfolgsgeheimnis Ost. Springer Gabler, Wiesbaden

Lesen Sie hier weiter

Arnd Zschiesche, Oliver Errichiello

**Markensoziologie kompakt –
Basics für die Praxis**
Eine Kurzanleitung für die
erfolgreiche Markenführung

2015, VIII, 47 S., 3 Abb.
Softcover € 14,99
ISBN 978-3-658-10246-3

Printed in the United States
By Bookmasters